Gabriella Kranke

Das bin ich in der Bibel

Herrschaft über mein Leben

AF792653

Rediroma-Verlag

Bibliografische Information der Deutschen Nationalbibliothek:
Die Deutsche Nationalbibliothek verzeichnet diese Publikation in der Deutschen Nationalbibliografie; detaillierte bibliografische Daten sind im Internet über http://dnb.ddb.de abrufbar.

Falls nicht anders vermerkt, sind alle Bibelzitate der Neuen Genfer Übersetzung (NGÜ) entnommen.
www. ngü. info (oder www.ngü.info)

ISBN 978-3-86870-968-1

www.rediroma-verlag.de
9,95 Euro (D)

Gabriella Kranke

Das bin ich in der Bibel
Herrschaft über mein Leben

INHALT

Danksagung

Danken möchte ich meinem Ehemann Fredy und meiner Tochter Katharina, die mir immer geduldig zugehört haben und deren Aufmerksamkeit es zu verdanken ist, dass hier und da eine Passage oder ein Zusatz für mehr Verständnis gesorgt haben.

Insbesondere danken möchte ich auch meinen Freunden und allertreusten Teilhabern unserer gemeinsamen Versammlungen, Herbert und Hedwig, sie haben viel am Zustandekommen dieses Buches beigetragen. Immer wieder haben sie Kapitel für Kapitel gelesen, korrigiert und inspiriert.

Danken möchte ich auch der lieben Ute, die mir schon bei meinem ersten Buch „Der gewaltige Unterschied“ mit echter, freudiger Hingabe geholfen hat. Die Gestaltung der Textverarbeitung hat sie mehr als professionell, für den Leser angenehm und wohlgefällig bearbeitet. Jederzeit hat sie sich für diese zeitaufwendige Arbeit gerne zur Verfügung gestellt.

Danken möchte ich auch dem Geist Gottes für seine schöne Gabe des Schreibens, die er mir in die Wiege gelegt hat. Ich habe das nie als selbstverständlich erachtet, sondern als eine Ehre empfunden in diesem Bereich von ihm gebraucht werden zu dürfen.

Danke Jesus für die unaussprechliche Freude dein Wort lieben zu dürfen.

Vorwort

Dieses Buch hilft dem Leser, das Neue Testament, in der „Jetzt Zeit“ zu sehen, verstehen und darin zu leben. Viele Menschen wollten schon immer mal die Bibel lesen, aber sie waren nicht recht erfolgreich darin. Es ist zu schwierig zu verstehen, sagen sie, wer da wann zu wem spricht und ob es für die heutige Zeit auch noch Gültigkeit hat. Die Autorin möchte dem Leser vermitteln, dass die Frohe Botschaft tatsächlich auch für ihn nur Gutes beinhaltet und dass er das heute auch erleben kann. Denn durch Jesus Christus ist uns die vollkommene Sohnschaft vorgelebt worden und er hat dafür einen sehr hohen Preis bezahlt, damit wir diese Sohnschaft jetzt - jeder für sich persönlich - erleben können. Jesus Christus ist für alle Menschen gestorben und hat alle Sünden auf sich genommen, um uns vom „Gesetze halten müssen“ zu erlösen, weil Gott wusste, dass das kein Mensch in seinem Leben schaffen kann.

Die Autorin hat ganz bewusst alles, was heute für den Sohn Gottes gilt, in der „ich-Form“ geschrieben, damit der Leser sich in seiner „Sohn Gottes“-Identität finden kann. Jeder, der Christus Jesus als seinen Erlöser bekennt, ist tatsächlich ein Sohn Gottes - auch wenn die Person weiblich ist, denn das Wort sagt: “In Christus gibt es weder Mann noch Frau“, alle sind Söhne.

Passagen, die in kursiver Schrift erscheinen, sind Zusätze oder freie Zusammenfassungen der Autorin.

Wenn ein Mensch an Jesus Christus glaubt und ihn als Erretter annimmt, dann ist er „von oben wiedergeboren“, sein neues Leben ist als wiedergeborener Mensch von nun an mit Christus vereint und er nimmt die Stellung des Sohnes in der Liebesbeziehung der Dreifaltigkeit ein. So kann er sich immer dann, wenn von Christus - vom Sohn - die Rede ist, mit ihm identifizieren.

Die Art und Weise, wie die Autorin den Leser als Sohn sehen lässt, mag oftmals eine Herausforderung für seinen Glauben sein, und gleichzeitig auch eine Erkenntnis inwieweit er sich bereits mit Christus identifizieren kann. Wie diese Identifikation möglich ist kann man am besten mit der Schrift selbst belegen, wo es da heißt:

„Kein Auge hat je gesehen, kein Ohr hat je gehört, und kein Mensch konnte sich jemals auch nur vorstellen, was Gott für die bereithält, die ihn lieben.“

Jeder Mensch braucht für diese Erkenntnis die Gnade Gottes, Gottes unverdiente Gunst, die er nur erhält, wenn er sich im Glauben danach ausstreckt.

Was versteht man nun unter dem Evangelium der Gnade?

Die befreiende Botschaft, die Jesus für mein Leben hier auf der Erde bereit hält, welche mich frei macht vom Gesetze halten bzw. vom etwas für Gott tun zu müssen damit ich ihm gefalle. Denn genau das hat Jesus Christus für mich am Kreuz bereits erledigt, bezahlt. Dafür ist er gestorben, damit ich hier auf der Erde schon dieses befreite Leben genießen kann.

Was versteht man unter Gerechtigkeit?

Ich lasse mir die unverdiente Gunst Gottes durch Jesus Christus schenken und versuche nicht, mich selbst gerecht vor Gott darzustellen anhand meiner guten Werke. Gott akzeptiert keine Werke! Nur diese Gerechtigkeit zählt vor Gott, nämlich, dass Jesus den Preis dafür bezahlt hat.

Die Autorin hat dieses Werk bewusst mit den Briefen des Apostel Paulus begonnen, denn ab diesem Zeitraum gab es erst die Möglichkeit „**von oben wiedergeboren**“ zu werden.

Erst als Jesus Christus das vollkommene Sühneopfer, sein Leben, für jeden Menschen hingegeben hatte, konnte der Mensch wieder mit Gott in Verbindung treten, wenn er die Einladung zur Errettung angenommen und ausgesprochen hat. Dieses Gebet macht dich zu einem wiedergeborenen Gläubigen, das nennt man von oben wiedergeboren zu sein. Die „**Neue Geburt**“ wird speziell im **Römerbrief, Kapitel 10, Vers 9-10,** behandelt.

Denn vorher waren wir für Gott tot; für Gott sind nur die Menschen lebendig, die den gefallenen Geist bei der „Wiedergeburt“ ausgetauscht haben. Im Römerbrief kannst du das genau nachlesen, im Kapitel 5, Vers 19, doch das ganze Kapitel zu lesen ist aufschlussreicher. Wenn du diese Entscheidung noch nicht getroffen hast, Jesus Christus als deinen Herrn und Retter anzunehmen, dann hast du jetzt hier die Möglichkeit dazu. Empfange alles, was Jesus für dich getan hat und sprich dieses Gebet jetzt laut hörbar nach:

Gebet für deine Neue Geburt - Errettung

Herr Jesus, danke, dass du mich liebst und für mich am Kreuz gestorben bist. Dein kostbares Blut wäscht mich von jeder Sünde rein.

Du bist jetzt und in Ewigkeit mein Herr und Erretter, ich glaube, dass du von den Toten auferstanden bist und von nun an in mir lebst. Ich bin jetzt von neuem geboren und gehöre zur himmlischen Familie Gottes und bin nun ein Kind Gottes.

Danke, dass du mir ewiges Leben gibst und mein Herz mit Frieden und Freude erfüllst. Amen.

Das bin ich im Römerbrief

Gott hat mich als Sohn, als Apostel (= Gesandte) berufen und dazu bestimmt, seine Botschaft bekannt zu machen, die er schon vor langer Zeit durch seine Propheten in der Heiligen Schrift angekündigt hat. Es handelt sich um das Evangelium von seinem Sohn. Dieser stammt seiner irdischen Herkunft nach von David ab, und nachdem er von den Toten auferstanden ist, ist ihm die Macht gegeben worden, die ihm als dem Sohn Gottes zukommt. Durch ihn, Jesus Christus, meinem Herrn, hat Gott mich in seiner Gnade zum Apostel (Gesandten) für alle Völker gemacht, damit ich das Evangelium annehme und an Jesus glaube und damit auf diese Weise sein Name geehrt wird.

Jesus sendet seine Jünger aus, damit sie seine Botschaft verkünden. Jetzt ist das meine Aufgabe, als Sohn Gottes. (Markus 3,14)

Darum gilt dieser Auftrag auch mir, der ich von Jesus Christus berufen bin. Ich bin von Gott geliebt und gehöre zu seinem heiligen Volk.

Ich bekenne mich offen zu dieser Botschaft ohne mich zu schämen, denn das Evangelium ist die Kraft Gottes, die jedem, der glaubt, Rettung bringt. Das gilt für alle Menschen. Denn im Evangelium zeigt mir Gott seine Gerechtigkeit, eine Gerechtigkeit, mit der ich vor ihm bestehen kann, zu der ich durch den Glauben Zugang habe; sie kommt mir zugute, weil ich ihm vertraue. Darum heißt es in der Schrift: „Der Gerechte wird leben weil er glaubt.“

Ich verurteile niemanden aufgrund seiner Taten, denn auch ich brauche Gottes Güte, Nachsicht und Geduld.

Gott wird jenen, die unbeirrbar tun was gut ist und alles daran setzen, an Gottes Herrlichkeit, Ehre und Unvergänglichkeit teilzuhaben, das ewige Leben geben.

Gott offenbart mir seine Gerechtigkeit durch Jesus Christus, deren Grundlage der Glaube ist und allen zugutekommt, die glauben. Dabei macht es keinen Unterschied, welcher Abstammung die Person ist, denn alle haben gesündigt und die Herrlichkeit Gottes verpasst, und dass sie für gerecht erklärt werden, beruht auf Gottes Gnade. Es ist sein freies Geschenk aufgrund der Erlösung durch Jesus Christus.

Jesus ist vor den Augen aller Welt zum Sühneopfer für meine Schuld gemacht worden; durch sein Blut, das er vergossen hat, ist die Sühne geschehen und durch den Glauben kommt sie mir zugute. Damit hat Gott unter Beweis gestellt, dass er gerecht gehandelt hatte, als er die bis dahin begangenen Verfehlungen der Menschen ungestraft ließ. Wenn er Nachsicht übte, geschah das wegen des Sühneopfers Jesu. Durch dieses hat er jetzt, in meiner Zeit, seine Gerechtigkeit unter Beweis gestellt; er hat gezeigt, dass er gerecht ist, wenn er den für gerecht erklärt, der sein ganzes Vertrauen auf Jesus setzt.

Für sündige Taten gab es seit Adam und Eva bis Mose und seit dem Kreuz bis heute keine göttliche Strafe! Bestraft wurden die Menschen nur zu der Zeit, als das Gesetz regierte, doch jetzt regiert wieder die göttliche Gnade. Seit dem Kreuz regiert die göttliche

Gnade für jene, die Jesus Christus als ihren Erlöser angenommen haben!

Ich gehe davon aus, dass ich aufgrund des Glaubens für gerecht erklärt werde, und zwar unabhängig von Leistungen, wie sie das Gesetz fordert.

Abraham glaubte Gott, und das wurde ihm als Gerechtigkeit angerechnet. Wenn ich durch meine eigenen Leistungen für gerecht erklärt werden will, dann ist es wie bei einem Arbeiter, dessen Lohn auf der Grundlage seiner Leistung berechnet wird. Dann bekommt er es nicht aus Gnade sondern aus Leistung. Weil ich aber ohne etwas zu leisten Gott vertraue, wird mir mein Glaube als Gerechtigkeit angerechnet, denn ich vertraue dem, der mich trotz all meiner Gottlosigkeit für gerecht erklärt hat.

Die Aussage, dass der Glaube Abraham angerechnet wurde, betrifft auch mich. Auch mir wird der Glaube angerechnet, denn der Gott, auf den ich mein Vertrauen setze, hat Jesus, meinen Herrn, von den Toten auferweckt - ihn, der wegen meiner Verfehlungen dem Tod preisgegeben wurde und dessen Auferstehung mir den Freispruch bringt.

Jesus musste sterben, damit ich heute und in alle Ewigkeit leben kann.

Nachdem ich nun aufgrund des Glaubens für gerecht erklärt worden bin, habe ich Frieden mit Gott durch Jesus Christus, meinem Herrn. Durch ihn habe ich freien Zugang zu der Gnade bekommen, die jetzt die Grundlage meines Lebens ist, und im Glauben nehme ich das auch in Anspruch. Darüber hinaus habe ich eine Hoffnung, die mich mit Freude und Zuversicht erfüllt: Ich habe jetzt schon Anteil an Gottes Herrlichkeit. Doch nicht nur darüber freue mich, ich freue mich auch über die Herausforderungen, die ich jetzt durchmache. Denn ich weiß, sie lehren mich, und wer gelernt hat durchzuhalten, ist bewährt, und bewährt zu sein festigt die Hoffnung. Und in meiner Hoffnung werde ich nicht enttäuscht. Denn Gott hat mir den Heiligen Geist gegeben und hat mein Herz durch ihn mit der Gewissheit erfüllt, dass er mich liebt. Denn die Liebe Gottes ist ausgegossen in meinem Herzen durch den mir gegebenen Heiligen Geist.

Gott beweist mir seine Liebe dadurch, dass Christus für mich starb, als ich noch ein Sünder war. Aufgrund des Blutes Jesu Christi bin ich für gerecht erklärt und errettet. Ich bin ja mit Gott durch den Tod seines Sohnes versöhnt worden, als ich noch sein Feind war. So habe ich jetzt durch Christus Rettung gefunden, jetzt, wo ich versöhnt bin und wo Christus auferstanden ist und lebt. Aber es ist nicht nur diese Hoffnung, die mich mit Freude erfüllt, nein, es ist auch die Tatsache, dass ich durch Christus schon jetzt die Versöhnung empfangen habe. Und dafür preise ich Gott durch Jesus Christus, meinen Herrn.

Ich habe jetzt durch Jesus Christus die Gnade Gottes und das Geschenk der Gerechtigkeit in so reichem Maß empfangen, dass ich im neuen Leben jetzt herrsche. Ich stelle also fest: Genauso wie eine einzige Verfehlung - *Sündenfall* - allen Menschen die Verdammnis brachte, bringt eine einzige Tat, die erfüllt hat, was Gottes Gerechtigkeit fordert - Erlösungswerk

Jesu - allen Menschen den Freispruch und damit das Leben. Genauso wie durch den Ungehorsam eines Einzigen - *Adam* - alle zu Sündern wurden, werden durch den Gehorsam eines Einzigen - *Jesus Christus* - alle zu Gerechten:

Und was ist mit dem Gesetz?

Ich brauche kein Gesetz mehr, das mir meine Fehler aufzeigt und mich anklagt, denn die Gnade verschafft mir den Zugang zu Gottes Gerechtigkeit und führt mich durch Jesus Christus zum ewigen Leben.

Kann ich nun weiterhin sündigen, damit die Gnade im vollen Maß wirksam wird? Nein, das kann ich nicht mehr, ich bin doch dem gefallenen Geist und der sündigen Natur gestorben. Ich bin auf Jesus Christus getauft worden, durch diese Taufe bin ich in seinen Tod einbezogen worden, durch die Taufe bin ich mit Christus gestorben und begraben worden. Ich bin mit Christus von den Toten auferstanden und lebe jetzt in ihm ein neues Leben.

Ich gehe von der Tatsche aus, dass ich für die Sünde tot bin, aber in Christus für Gott lebe. Mein Leben steht unter der Gnade.

Da Gottes Geist in mir wohnt, stehe ich nun unter der Herrschaft des Geistes, denn wenn jemand diesen Geist, den Geist Christi hat, gehört er zu Christus. Weil Gott Christus von den Toten auferweckt hat, hat er auch meinen sterblichen Körper durch seinen Leib lebendig gemacht, durch den Geist, der in mir wohnt.

Alle, die sich von Gottes Geist leiten lassen, sind seine Söhne und Töchter. Durch den Geist, den ich empfangen habe, rufe ich, wenn ich bete: Abba, Vater! Ja, der Geist selbst bezeugt es mir in meinem Innersten, dass ich Gottes Sohn bin. Wenn ich aber Sohn bin, bin ich auch Erbe - Erbe Gottes und Miterbe mit Christus. Dazu gehört auch, dass ich jetzt schon Anteil an seiner Herrlichkeit habe.

Ich als Sohn Gottes habe jetzt schon meine Erbschaft angetreten, denn der Geist Gottes lebt jetzt schon in mir und er hat mich von den Zwängen dieser Welt befreit, der gefallenen Natur, durch meine Geburt von oben.

Auch der Geist Gottes tritt mit Flehen und Seufzen für mich ein; er bringt das zum Ausdruck, was ich mit meinen Worten nicht sagen kann. Auf diese Weise hilft er mir in meiner Schwachheit, weil ich ja gar nicht weiß, wie ich beten soll. Und Gott, der alles durchforscht, was im Herzen der Menschen ist, weiß, was der Geist mit seinem Flehen und Seufzen sagen will; denn der Geist tritt für mich so ein, wie es vor Gott richtig ist.

Hier ist die Taufe in den Heiligen Geist gemeint, die uns die Fähigkeit verleiht, in „Neuen Sprachen" zu sprechen; das ist eine übernatürliche Sprache, die nur Gott versteht und nur zwischen mir und Gott vermittelt. Das Seufzen und Flehen wird mit Silben zum Ausdruck gebracht, die ich selbst nicht verstehe, aber Gott legt seine Kraft auf diese „Worte" und setzt sie ein, wann, wo und für wen er sie braucht. Unvorstellbar für den Verstand, aber glauben muss ich ja im Herzen.

Eines aber weiß ich, alles geschieht mir zum Besten, weil Gott mich liebt. Schon vor aller Zeit hat er die Entscheidung getroffen, dass ich zu ihm gehören soll, darum hat er auch vorgesehen, dass mein ganzes Wesen so umgestaltet wird, dass ich seinem Sohn gleich bin.

Und weil Gott mich für dieses Ziel berufen hat, hat er mich auch für gerecht erklärt. Und weil er mich für gerecht erklärt hat, hat er mir auch Anteil an seiner Herrlichkeit gegeben.

Gott ist für mich; wer kann mir da noch etwas anhaben. Er hat ja nicht einmal seinen eigenen Sohn verschont, sondern hat ihn für mich hingegeben. So wird mir mit seinem Sohn zusammen alles andere auch geschenkt. Niemand wagt es noch Anklage gegen die zu erheben, die Gott erwählt hat. Gott selbst erklärt mich ja für gerecht. Es gibt auch niemanden mehr, der mich verurteilen kann, Jesus Christus ist doch für mich gestorben, mehr noch, auferstanden und er sitzt an Gottes rechter Seite und tritt für mich ein. Nichts kann mich da mehr von Christus und seiner Liebe trennen, weder Angst, Verfolgung, Hunger, Entbehrung, Lebensgefahr oder Tod.

Meine Berufung von Gott, deren Grundlage der Glaube ist, macht mich zu einem Sohn Gottes und nicht die irdische Abstammung. Israel hat ihr Ziel nicht erreicht, weil ihre Grundlage nicht der Glaube sondern ihre eigenen Leistungen waren.

Ihr Hindernis war der „Stein des Anstoßes“, ein Fels, an dem sie zu Fall kamen. Ich aber habe ihm vertraut und bin vor dem Verderben bewahrt.

Mit Christus ist das Ziel erreicht, die Erfüllung des Gesetzes zur Gerechtigkeit für jeden - *für mich* - der glaubt.

Das Wort, das Gott spricht, ist für mich nicht in unerreichbarer Ferne, es ist in meinem Mund und in meinem Herzen. Mit dem Wort ist die Botschaft des Glaubens gemeint, die ich verkünde.

Römerbrief Kapitel 10,9-10

Wenn ich also mit meinem Mund bekenne, dass Jesus der Herr ist, und mit meinem Herzen glaube, dass Gott ihn von den Toten auferweckt hat, werde ich gerettet werden. Denn ich werde für gerecht erklärt, wenn ich mit dem Herzen glaube; ich werde gerettet, wenn ich den Glauben mit dem Mund bekenne.

Dies ist das Gebet zur Errettung, wie ich es im Vorwort bereits erwähnt habe; wenn du es im Glauben gesprochen hast, bist du von oben wiedergeboren.

Darum heißt es in der Schrift: "Jeder, der ihm vertraut, wird vor dem Verderben bewahrt werden." Welche Herkunft ich habe, macht vor Gott keinen Unterschied: Alle haben denselben Herrn, und er lässt alle an seinem Reichtum teilhaben, die ihn im Gebet anrufen. Denn jeder, der den Namen des Herrn anruft, wird gerettet werden.

Den Herrn anrufen kann ich nur, wenn ich an ihn glaube. An ihn glauben kann ich nur, wenn ich von ihm gehört habe. Von ihm hören kann ich nur, wenn jemand da ist, der die Botschaft von ihm verkündet. Und die Botschaft kann nur verkündet werden, wenn jemand den Auftrag dazu bekommen hat. Genau das ist ja auch geschehen, denn es heißt in der Schrift: "Was für eine Freude ist es, die kommen zu sehen, die eine gute Nachricht bringen."

Jetzt bin ich der Überbringer der guten Nachricht.

Ich stelle mein ganzes Leben Gott zur Verfügung und bringe mich ihm als ein lebendiges und heiliges Opfer dar, an dem er Freude hat. Ich richte mich nicht nach den Maßstäben dieser Welt, sondern lerne in einer neuen Weise zu denken, damit ich verändert werde und beurteilen kann, ob etwas Gottes Wille ist - ob es gut ist, ob Gott Freude daran hat und ob es vollkommen ist.

Wir sind alle, wie viele und wie unterschiedlich wir auch sein mögen, durch unsere Verbindung mit Christus ein Leib, und wie die Glieder unseres Körpers sind wir einer auf den anderen angewiesen.

Denn die Gaben, die Gott uns - *mir* - in seiner Gnade geschenkt hat, sind verschieden. Wenn jemand die Gabe hat, einen praktischen Dienst auszuüben, soll er diese Gabe einsetzen. Wenn jemand die Gabe des Lehrens hat, ist es seine Aufgabe zu lehren. Wenn jemand die Gabe der Seelsorge hat, soll er anderen seelsorgerlich helfen. Wer andere materiell unterstützt, soll es uneigennützig tun. Wer für andere Verantwortung trägt, soll es nicht an der nötigen Hingabe fehlen lassen. Wer sich um die kümmert, die in Not sind, soll es mit fröhlichem Herzen tun.

Kapitel 12,9-13

Meine Liebe ist echt, ich halte mich unbeirrbar an das Gute. Herzlichkeit und geschwisterliche Liebe kommt bei mir zum Ausdruck. Ich erachte meinen Nächsten höher als mich selbst. In meinem Eifer lasse ich nicht nach und das Feuer des Heiligen Geistes lasse ich in mir immer stärker werden. Ich freue mich über meine Hoffnung die ich habe, und in Nöten halte ich durch und lasse mich von nichts vom Gebet abbringen. Hilfe und Gastfreundschaft sind für mich selbstverständlich.

Ich segne die, die mich verfolgen. Wenn mein Feind hungrig ist, gebe ich ihm zu essen, und wenn er Durst hat, gebe ich ihm zu trinken. Ein solches Verhalten beschämt ihn. Ich besiege das Böse durch das Gute.

Ich ordne mich der Regierung des Staates unter, in dem ich lebe, denn Gott hat Ordnungen eingesetzt, die mich schützen und an diese halte ich mich. Ich erfülle das Gesetz in der Liebe und tue meinen Mitmenschen Gutes. Innerhalb der Gemeinde Jesu Christi achte und respektiere ich die Gewohnheiten des Mitbruders, denn unser aller Leben gehört nicht mehr uns selbst, sondern dem Herrn. Alles was ich aus Glauben tue, ist recht vor Gott.

Die im Glauben Starken sind verpflichtet, die Bedenken der Schwächeren ernst zu nehmen. Jeder soll auf den Anderen Rücksicht nehmen und danach fragen, was gut für ihn ist und was ihm im Glauben weiterhilft.

Alle Ermutigung und alle Kraft um durchzuhalten kommt von Gott. Er hilft mir, Jesus Christus als Maßstab für meinen Umgang miteinander zu nehmen und mich vom gemeinsamen Ziel bestimmen zu lassen. Gott möchte, dass ich ihn einmütig und mit voller Übereinstimmung preise, ihn, den Gott und Vater meines Herrn Jesus Christus. Ich ehre Gott, indem ich meinen Nächsten annehme so wie Christus mich angenommen hat. Christus ist für alle gekommen. Alle Nationen sollen ihn preisen.

Mein Wunsch ist es, dass Gott, die Quelle aller Hoffnung, mir in meinem Glauben völlige Freude und völligen Frieden schenkt, damit meine Hoffnung durch die Kraft des Heiligen Geistes immer unerschütterlicher wird.

Im Übrigen bin ich davon überzeugt, dass ich durchaus in der Lage bin, all das zu tun, was gut und richtig ist; es fehlt mir in keiner Weise an der nötigen Erkenntnis, und ich bin daher auch fähig, mit seelsorgerischem Rat zu helfen. Ich schreibe euch, um euch einige Dinge in Erinnerung zu rufen. Gott hat mich in seiner Gnade dazu berufen, ein Diener Jesu Christi unter den Ungläubigen zu sein. Indem ich ihnen das Evangelium Gottes bekannt mache, erfülle ich einen priesterlichen Auftrag.

Warnen möchte ich euch vor denen, die von der Lehre abweichen, wie sie mir gelehrt worden ist, und die damit Spaltungen hervorrufen und den Glauben der anderen in Gefahr bringen. Nehmt euch vor ihnen in Acht und geht ihnen aus dem Weg! Denn solche Leute dienen nicht Christus, sondern ihren eigenen Begierden und betrügen leichtgläubige Menschen mit eindrucksvollen Reden und schmeichlerischen Worten.

Gott freut sich über mich, denn es ist ihm bekannt, dass ich so lebe, wie es dem Evangelium entspricht. Und ich möchte, dass ich auch weiterhin mit Weisheit erfüllt und dadurch zum Guten befähigt bin und dass ich mich vom Bösen nicht beeinflussen lasse.

Dem Gott, der die Macht hat, mich in meinem Glauben zu festigen durch das Evangelium, die Botschaft von Jesus Christus, die mir anvertraut ist, dem Gott, der mir in dieser Botschaft seinen Plan mitgeteilt hat, ein seit undenklichen Zeiten verborgen gehaltenes Geheimnis, dem ewigen Gott, der dieses Geheimnis jetzt enthüllt hat, und in dessen Auftrag es anhand der prophetischen Worte der Schrift, allen Völkern bekannt gemacht worden ist, damit sie das Evangelium annehmen und an Jesus glauben, diesem Gott, der allein weise ist und den ich durch Jesus Christus preise, gebührt die Ehre für immer und ewig. Amen.

Das bin ich im ersten Korintherbrief

Ich bin durch Jesus Christus Gottes Eigentum geworden. Gott hat mich berufen und ich gehöre zu seinem heiligen Volk, genauso wie an jedem anderen Ort alle dazugehören, die den Namen Jesu Christi im Gebet anrufen, den Namen meines Herrn.

Jedes Mal, wenn ich bete, danke ich meinem Gott für die Gnade, die er mir durch Jesus Christus geschenkt hat. Durch ihn hat er mich in jeder Hinsicht reich gemacht - reich an geistgewirkten Worten und reich an geistlicher Erkenntnis. Die Botschaft von Jesus Christus bekräftigt mich und mir fehlt nicht eine der Gaben, die er in seiner Gnade schenkt. Nun warte ich sehnsüchtig darauf, dass Jesus Christus, mein Herr, in seiner ganzen Herrlichkeit erscheint. Gott gibt mir die Kraft, im Glauben fest zu bleiben, bis das Ziel erreicht ist.

Ja, Gott ist treu, er bringt mich ans Ziel. Denn er hat mich dazu berufen, jetzt und für immer mit seinem Sohn Jesus Christus, meinem Herrn, verbunden zu sein. Auf dieses Ziel richte ich mich aus und halte mich völlig übereinstimmend an die Worte der Botschaft, die mir verkündet worden sind. Ich verkünde Christus, den gekreuzigten Messias. Für mich erweist sich Christus als Gottes Kraft und Gottes Weisheit. Meine Botschaft ist eine Botschaft voller Weisheit. Verstanden wird diese Weisheit allerdings nur von denen, die der Glaube an Christus zu geistlich reifen Menschen gemacht hat. Was ich verkünde ist Gottes Weisheit. Ich verkünde ein Geheimnis: den Plan, den Gott schon vor der Erschaffung der Welt gefasst hat und nach dem er mir Anteil an seiner Herrlichkeit gibt. Mir hat Gott dieses Geheimnis durch seinen Geist enthüllt. Ich habe diesen Geist erhalten - den Geist, der von Gott kommt, nicht den Geist der Welt. Darum kann ich auch erkennen, was Gott mir in seiner Gnade alles geschenkt hat.

Und wenn ich davon rede, tue ich es mit Worten, die nicht menschliche Klugheit sondern der Geist Gottes lehrt; ich erkläre das, was Gott mir durch seinen Geist offenbart hat, mit Worten, die Gottes Geist mir eingibt. Weil ich den Geist Gottes habe bin ich imstande, über alle Dinge angemessen zu urteilen, während ich selbst von niemanden, der Gottes Geist nicht hat, zutreffend beurteilt werden kann. Ich weiß, dass ich der Tempel des Heiligen Geistes bin und dass Gottes Geist in mir wohnt. Gottes Tempel ist heilig, und dieser heilige Tempel bin ich.

Ich weiß, wie ich über mich und andere denken muss: Gott ist kein Anseher der Person, ich bin ein Diener Christi, dem die Verkündigung der Geheimnisse anvertraut sind, die Gott mir enthüllt hat. Deshalb führe ich meine mir anvertraute Aufgabe zuverlässig aus. Ruhm und Ehre für mein Handeln und mein Wissen erhält einzig und allein Christus, denn alles habe ich von ihm erhalten.

Dazu bleibe ich nur in der Lage, wenn ich allezeit darauf achte mir ein dankbares Herz zu bewahren.

Es gibt viele verschiedene Gaben, aber es ist ein und derselbe Geist, der sie mir zuteilt. Es gibt viele verschiedene Dienste, aber es ist ein und derselbe Herr, der mich damit beauftragt. Es gibt viele verschiedene Kräfte, aber es ist ein und derselbe Gott, durch den sie alle in mir wirksam werden. Das Wirken des Geistes zeigt sich bei jedem auf eine andere Weise, aber immer geht es um den Nutzen der ganzen Gemeinde. Dem einen wird durch den Geist die Fähigkeit geschenkt, Einsichten in Gottes Weisheit weiterzugeben. Der andere erkennt und sagt mit Hilfe desselben Geistes, was in einer bestimmten Situation zu tun ist. Einem dritten wird - ebenfalls durch denselben Geist - ein besonderes Maß an Glauben gegeben. Und wieder ein anderer bekommt durch diesen einen Geist die Gabe, Kranke zu heilen. Einer wird dazu befähigt Wunder zu tun, ein anderer prophetische Aussagen zu machen. Wieder ein anderer zu beurteilen, ob etwas vom Geist Gottes gewirkt ist oder nicht. Einer wird befähigt in Sprachen zu reden, die von Gott eingegeben sind. Ein anderer, das Gesagte in verständlichen Worten wiederzugeben. Das alles ist das Werk ein und desselben Geistes, und es ist seine freie Entscheidung, welche Gabe er jedem Einzelnen zuteilt.

So wie der menschliche Körper aus vielen Teilen besteht und jedes Glied am Körper eine wichtige Aufgabe hat, genauso besteht auch der Leib Christi aus vielen Gliedern, deren Aufgaben auch wichtig sind, und nur wenn alle zusammen arbeiten ist der Leib vollkommen. Das Anliegen eines jeden Gliedes soll sein, füreinander zu sorgen. Gott hat in der Gemeinde allen eine bestimmte Aufgabe zugewiesen.

An erster Stelle sind die Apostel zu nennen, an zweiter die Propheten, an dritter die Lehrer. Dann gibt es die, die dazu befähigt sind, Wunder zu wirken oder denen die Gabe des Heilens geschenkt ist. Oder die imstande sind, praktische Hilfe zu leisten oder Leitungsaufgaben zu übernehmen, oder die in Sprachen reden können, die von Gott eingegeben sind. Ich bemühe mich um die Gabe, die der Gemeinde am meisten nützt.

Und der Weg, der weit über das alles hinausführt, ist die Liebe, nur, wenn ich die Gaben in der Liebe anwende, bringen sie den Nutzen, für den sie gedacht sind. Was ich auch tue, mein oberstes Ziel, mein Motiv soll immer die Liebe sein.

Doch das alles wird nur wirksam, wenn ich das als Sohn Gottes im Glauben anwende, im Glauben daran, dass Jesus die Quelle der Gnade ist, die ich dazu brauche, um in der Liebe wirksam zu sein. Denn die Liebe ohne Gnade ist nicht wirksam! Mein Herz muss handeln, nicht mein Verstand.

Wenn ich in Sprachen rede, die von Gott eingegeben sind, in irdischen Sprachen, und wenn ich in den Sprachen der Engel rede, aber keine Liebe habe, bin ich nichts weiter als ein dröhnender Gong oder eine lärmende Pauke. Wenn ich prophetische Eingebungen habe und mir alle Geheimnisse enthüllt sind und ich alle Erkenntnis besitze, wenn mir der Glaube im höchsten Maß gegeben ist, sodass ich Berge versetzen kann, wenn ich alle diese Gaben besitze, so werden sie nur in der Liebe wirksam. Selbst meinen Besitz verteile ich an die Armen aus Liebe.

Wenn diese Liebe in der Gnade bei mir wirksam ist, dann habe ich als sichtbare Auswirkung davon die Frucht, die in den folgenden Zeilen aufgelistet sind:

Ich bin geduldig, ich bin freundlich. Ich bin großmütig, ich bin zufrieden, ich bin besonnen. Ich verhalte mich rücksichtsvoll und taktvoll, ich bin beherrscht und vergebe. Ich erachte meinen Nächsten höher als mich selbst. Ich freue mich über Gerechtigkeit und Wahrheit. Alles ertrage ich, in jeder Lage glaube ich, immer hoffe ich, allem halte ich stand. Die Liebe bleibt in mir.

Mein Ziel ist ein Leben, das von der Liebe bestimmt ist. Ich bemühe mich auch insbesondere um die Gabe des prophetischen Redens, denn das bringt den Menschen eine Botschaft der Hilfe, Ermutigung und des Trostes. Davon hat die ganze Gemeinde einen Nutzen. Ich praktiziere Sprachengebet ohne Auslegung nur für mich. Jedoch wenn ich mein Sprachengebet auslegen kann, spreche ich es auch vor der Gemeinde. Ich habe das Urteilsvermögen, wann, wo und wie ich anbeten soll. Und alles geschieht in göttlicher Ordnung.

1.Korinther 15,1-5

Die Botschaft des Evangeliums ist nun die Grundlage meines Lebens, nämlich, dass Christus für meine Sünden gestorben ist - dies ist das Kernstück des Evangeliums - und durch diese Botschaft bin ich errettet, vorausgesetzt, ich lasse mich in keinem Punkt von dem abbringen, was mir verkündet wurde. Zu dieser Botschaft, die ich so an euch weitergebe wie ich sie selbst empfing, gehören folgende entscheidende Punkte:

Christus ist - in Übereinstimmung mit den Aussagen der Schrift - für meine Sünden gestorben. Er wurde begraben, und drei Tage danach hat Gott ihn von den Toten auferweckt - auch das in Übereinstimmung mit der Schrift. Als der Auferstandene hat er sich zunächst Petrus gezeigt, dann dem ganzen Kreis der Zwölf. Christus ist von den Toten auferstanden! Er ist der Erste, den Gott auferweckt hat, und seine Auferstehung gibt mir die Gewähr, dass auch die, die im Glauben an ihn gestorben sind, auferstehen werden.

Der Tod kam durch einen Menschen = *Adam* in die Welt; entsprechend kommt es nun auch durch einen Menschen = *Jesus* zur Auferstehung der Toten. Genauso wie wir alle sterben müssen, weil wir von Adam abstammen, werden wir alle lebendig gemacht, weil wir zu Christus gehören.

Ich bin mit Christus bereits von den Toten auferstanden, somit ist mein Leben jetzt schon unvergänglich. Ich bin erfüllt von Gottes Herrlichkeit und voller Kraft. Genauso wie es einen irdischen Körper gibt, gibt es auch einen erneuerten Körper durch Gottes Geist.

Sowie der himmlische Adam = Jesus Christus beschaffen ist, bin auch ich, weil ich zu denen gehöre, die im Himmel sind. Mein Abbild ist so wie das des himmlischen Adams. Ich bin in Christus unvergänglich und unsterblich geworden in und durch seine Auferstehung von dem Tod. Er hat mir den Sieg geschenkt.

Ich unterstütze die Gemeinde auch finanziell nach den mir gegebenen Möglichkeiten.

Das bin ich im zweiten Korintherbrief

Ich preise Gott, den Vater meines Herrn Jesus Christus! Denn er ist ein Vater, der sich erbarmt und auf jede erdenkliche Weise tröstet und ermutigt. Ich mache anderen Mut, ich spende Trost, denn ich erlebe durch Christus auch Trost und Ermutigung. Trost und Ermutigung helfen mir standhaft zu bleiben, ich bete auch für die Rettung der anderen, denn dann werden auch viele Gott für die Gnade danken, die sie durch mich erfahren. Ich fasse meine Beschlüsse nicht nach rein menschlichen Gesichtspunkten, ich befrage Gott. So ist mein Ja ein Ja und mein Nein ein Nein.

(So viel zu der Frage ist Gott denn nicht tolerant? Nein, das ist er nicht!)

Gott selbst ist es, der mich im Glauben an Christus festigt. Er hat mich gesalbt und damit in seinen Dienst gestellt. Er hat mir auch sein Siegel aufgedrückt als Bestätigung dafür, dass ich jetzt sein Eigentum bin. Er hat mir seinen Geist ins Herz gegeben als Unterpfand und Anzahlung für das, was er mir noch schenken will.

Gott sei Dank! Weil ich mit Christus verbunden bin, lässt er mich immer in seinem Triumphzug mitziehen und ich mache an jedem Ort bekannt, wer er ist, sodass sich diese Erkenntnis wie ein wohlriechender Duft überallhin ausbreitet. Ja, weil Christus in mir lebt, bin ich zur Ehre Gottes ein Wohlgeruch, der sowohl zu denen dringt, die gerettet werden, als auch zu denen, die verloren gehen. Was ich sage, sage ich im

Auftrag Gottes; ich sage es in der Verantwortung vor Gott und in der Abhängigkeit von Christus.

Ich empfehle mich nicht selbst, mein Leben ist ein Brief, den Christus selbst verfasst hat, der allen Menschen zugänglich ist und den alle lesen können. Er ist nicht mit Tinte geschrieben, sondern mit dem Geist des lebendigen Gottes und die Tafeln, auf denen er steht, sind nicht aus Stein sondern aus Fleisch und Blut; es sind die Herzen von Menschen, die wie Christus leben. Wenn ich mit solchem Gott- und Selbstbewusstsein von meinem Dienst spreche, gründet sich das auf Christus und geschieht im Vertrauen auf Gott. Aus eigener Kraft bin ich dieser Aufgabe nicht gewachsen; ich verdanke meine Befähigung Gott. Er hat mich fähig gemacht, Diener des neuen Bundes zu sein. Ein Bund, der sich nicht mehr auf das schriftlich niedergelegte Gesetz gründet, sondern auf das Wirken von Gottes Geist.

Allein denen offenbart sich die Liebe Gottes, die darauf vertrauen, was Christus für sie getan hat. Nur wer mit dem Herzen glaubt kann sehen was Jesus für ihn getan hat. Ich lebe nicht für Gott, nein, ich lebe aus Gott. Was für ein Unterschied!

Denn das Gesetz tötet, aber der Geist Christi macht lebendig. Jedes Mal, wenn sich ein Mensch dem Herrn zuwendet, wird er lebendig. Dieser Herr aber ist der Geist Gottes von dem ich spreche. Und wo der Geist des Herrn ist da ist Freiheit. Ich sehe mit unverhülltem Angesicht die Herrlichkeit Gottes. Ich sehe sie wie in einem Spiegel, und indem ich das Ebenbild des Herrn Jesus anschaue - *das Wort Gottes* -, wird mein ganzes Wesen so umgestaltet, dass ich ihm immer ähnlicher werde und immer mehr Anteil an seiner Herrlichkeit bekomme. Diese Umgestaltung ist das Werk des Herrn; sie ist das Werk seines Geistes.

So sieht also der Dienst aus, den Gott mir in seinem Erbarmen übertragen hat, und deshalb lasse ich mich nicht entmutigen. Weil ich mich Gott gegenüber verantwortlich weiß, mache ich die Wahrheit bekannt, und gerade dadurch empfehle ich mich dem Gewissen jedes einzelnen Menschen.

Ich bin nur für die Erfüllung meines Auftrages verantwortlich; wenn ich dem vorbildlichen Beispiel meines Herrn Jesus Christus folge, ist mein Teil der Vereinbarung erfüllt.

Der Glanz der Botschaft von der Herrlichkeit dessen, der Gottes Ebenbild ist - Christus -, ist der Inhalt meiner Verkündigung. Jesus hat mich beauftragt, denn derselbe Gott, der gesagt hat: “Es werde Licht“, der hat es auch in meinem Herzen hell werden lassen, sodass ich in der Person von Jesus Christus den vollen Glanz von Gottes Herrlichkeit erkenne. Ich trage diesen kostbaren Schatz, der mir anvertraut ist, in irdenem Gefäß, denn es soll deutlich werden, dass die alles überragende Kraft, die in meinem Leben wirksam ist, Gottes Kraft ist und nicht aus mir selbst kommt.

In und unter allen Umständen wird sichtbar, dass ich jetzt schon, im irdischen Dasein, am Leben des auferstandenen Jesus teilhabe. Ich habe mein Vertrauen auf Gott gesetzt, darum rede ich. Der Glaube, der aus diesen Worten spricht, erfüllt mich. Ich vertraue auf Gott und deshalb lasse ich mich nicht davon abhalten zu reden und das Evangelium zu verkünden. Denn ich weiß: Der, der Jesus von den Toten auferweckt hat, hat mich auferweckt - ich bin ja mit Jesus verbunden - und dann wird er mich zusammen mit euch vor sich treten lassen.

Ich bleibe zuversichtlich - mein innerer Mensch wird Tag für Tag erneuert. Meine Ausdauer bringt eine unvorstellbare und alles überragende Herrlichkeit hervor, die nie vergeht. Ich richte meinen Blick auf das Unvergängliche, das ewig Bestand hat.

Der Körper, in dem ich hier auf der Erde lebe, wird eines Tages wie ein Mantel abgelegt, dann erhalte ich den neuen Körper und stehe bekleidet vor Gott. Das Sterbliche wird vom Leben verschlungen. Einmal werde ich vor dem Richterstuhl stehen und meinen Lohn erhalten.

Bei allem ist das, was mich antreibt, die Liebe von Christus. Ich bin nämlich überzeugt: Wenn einer für alle gestorben ist = *Jesus Christus*, dann sind alle gestorben. Und er ist deshalb für alle gestorben, damit die, die leben, nicht länger für sich selbst leben, sondern für den, der für sie gestorben und zu neuem Leben erweckt worden ist. (2.Kor.5,14-15)

Weil ich zu Christus gehöre, bin ich eine neue Schöpfung. Das Alte ist vergangen etwas ganz Neues hat begonnen. Das alles ist Gottes Werk. Er hat mich durch Jesus Christus mit sich selbst versöhnt und hat mir den Dienst der Versöhnung übertragen. In Christus hat Gott die Welt mit sich versöhnt, sodass er meine Verfehlungen nicht anrechnet, und mir hat er die Aufgabe anvertraut, diese Versöhnungsbotschaft zu verkünden. Deshalb trete ich im Auftrag von Christus als sein Gesandter auf; (*hier steht der große Sendeauftrag, der jedem von oben wiedergeborenem*

Menschen gegeben ist) Gott selbst ist es, der die Menschen durch mich zur Umkehr ruft. Ich bitte im Namen von Christus: Nehmt die Versöhnung an, die Gott euch anbietet. Den, der ohne jede Sünde war, hat Gott für mich zur Sünde gemacht, damit ich durch die Verbindung mit ihm die Gerechtigkeit bekomme, mit der ich vor Gott bestehen kann.

Ich lasse die Gnade, die Gott mir schenkt, in meinem Leben nicht ohne Auswirkungen bleiben. Jetzt ist die Zeit der Gnade! Ich begreife: Heute ist der Tag der Rettung! Ich empfehle mich durch ein geheiligtes Leben, durch geistliche Erkenntnis, durch Geduld und durch Freundlichkeit. Ich empfehle mich dadurch, dass der Heilige Geist durch mich wirkt, dass meine Liebe frei ist von jeder Heuchelei, dass ich die Botschaft der Wahrheit verkünde, dass ich meinen Auftrag in Gottes Kraft ausführe und dass ich für Angriff und Verteidigung von den Waffen Gebrauch mache, die im Dienst der Gerechtigkeit stehen = *das Wort Gottes.*

Ich habe erkannt und geglaubt, dass ich dieser Aufgabe nur aus seiner Gnade und seinen Fähigkeiten, gewachsen bin. Er hat sie in mich hineingepflanzt, durch den Samen seines Wortes.

Ich erweise mich als Gottes Diener, ob ich nun geehrt oder geschmäht werde, ob man Schlechtes über mich redet oder Gutes.

Der Dienst der Hilfeleistung für die Gläubigen, die Sammlung, ist ein Werk der Gnade Gottes.

Ich gebe - um die Echtheit meiner Liebe unter Beweis zu stellen. Die Gnade meines Herrn Jesus Christus zeigte sich dadurch: Er, der reich war, wurde arm, damit ich durch seine Armut reich werden konnte. Ich will in dieser Sache einen Rat geben, gebt entsprechend dem, was ihr habt! Denn eine bereitwillig gegebene Gabe ist Gott willkommen und ihr Wert bemisst sich nach dem, was der Geber besitzt, nicht nach dem, was er nicht besitzt. Keiner soll einem anderen aus der Not helfen und dadurch selbst in Not geraten. Es geht lediglich um einen Ausgleich! Es heißt ja in der Schrift: "Wer viel gesammelt hatte, hatte nicht zu viel, und wer wenig gesammelt hatte, hatte nicht zu wenig." Wenn ich gebe, tue ich es mit einem fröhlichen Herzen, damit meine Spende Danksagung bewirkt bei denen, die sie empfangen.

Derselbe Gott, der dafür sorgt, dass es dem Bauern nicht an Saat zum Aussäen fehlt und dass es Brot zu essen gibt, der wird auch mich mit Samen für die Aussaat versehen und dafür sorgen, dass sich die ausgestreute Saat vermehrt und dass das Gute, das ich tue, Früchte trägt. Er beschenkt mich in jeder Hinsicht reich, sodass ich jederzeit großzügig und uneigennützig geben kann. Dieser Dienst trägt zur Ehre Gottes bei, denn die Empfänger der Gaben werden Gott dafür preisen, dass ich mein Bekenntnis zum Evangelium von Jesus Christus ernst nehme und meine Verbundenheit mit allen anderen Gläubigen auf so großzügige Weise zum Ausdruck bringe.

Wer im Bereich Geben - Finanzen sein Herz nicht öffnen kann, dem kann Gott auch nicht mit größeren Dingen dienen. Auch dein Gehalt ist nicht dein Eigentum, du darfst es hier verwalten und den größten Teil für dich selbst in Anspruch nehmen, aber ein angemessener Teil gehört dem Reich Gottes (Lukas

16:11). Manche Türen öffnen sich erst, wenn dein Herz zum Geben bereit ist!

Ich lebe zwar in dieser Welt, aber das heißt noch lange nicht, dass ich so kämpfe wie die Welt kämpft. Die Waffen, mit denen ich meinen Kampf führe, sind nicht die Waffen dieser Welt. Es sind Waffen von durchschlagender Kraft = *das Wort Gottes*, die dazu dienen, im Einsatz für Gott feindliche Festungen zu zerstören. Mit diesen Waffen bringe ich eigenmächtige Gedankengebäude zum Einsturz und reiße allen menschlichen Hochmut nieder, der sich gegen die wahre Gotteserkenntnis auflehnt. Das ganze selbstherrliche Denken nehme ich gefangen, damit es Christus gehorsam ist.

In herausfordernden Umständen denke ich daran, dass die Gnade Gottes alles ist, was ich brauche um durchzuhalten, denn Gottes Kraft wirkt gerade in meiner Schwachheit am stärksten und kommt in ihr zur vollen Auswirkung.

Also akzeptiere ich, dass ich genau dann, wenn ich schwach bin, wenn ich an mein Ende gekommen bin, stark bin, denn dann kann endlich Christus in mir übernehmen.

So manch große Glaubenshelden hatten ihren Ursprung in Krankenbetten und Zeiten größter Not.

Ich richte mich auf das gemeinsame Ziel aus, in Frieden mit allen zu leben. Die Gnade meines Herrn Jesus Christus, die Liebe Gottes und die Kraft des Heiligen Geistes schenkt mir Gemeinschaft mit allen und ist mit mir.

Das bin ich im Galaterbrief

Gott hat mich persönlich berufen. Ich spreche zu allen Geschwistern und wünsche euch Gnade und Frieden. Jesus Christus, mein und euer Herr, hat den Willen Gottes erfüllt! Indem er sich selbst opferte für meine Sünden. Er hat sein Leben gegeben, damit ich hier auf der vom Bösen beherrschten Erde befreit bin. Dafür gebührt ihm, Jesus Christus, ewig die Ehre! Amen.

Durch Christus habe ich Gnade erfahren und weiß, dass es kein anderes Evangelium als das der Gnade gibt. Daher muss ich achtgeben, dass ich mich nicht von falschen Lehren über das Evangelium verwirren lasse. Wer allerdings ein falsches Evangelium anderen lehrt, der sei verflucht. Und das wiederhole ich nochmal, wer ein falsches Evangelium lehrt, der sei verflucht!

Also kann ich nicht nur ein wahres Evangelium verkünden, sondern auch ein falsches, das wäre ein Evangelium, das nicht Gnade an erste Stelle setzt. Daraus resultiert der Rückschluss, warum die Kirche von heute so wenig gesegnet ist.

Die Zustimmung dieser Aussage, kommt sie von Menschen oder kommt sie von Gott? Da ich Christus diene, kommt sie von Gott und viele Menschen können ihr nicht zustimmen, aber darauf bin ich nicht aus. Diese Botschaft habe ich aus dem Wort Gottes empfangen, die dem Apostel Paulus von Jesus Christus selbst offenbart worden ist.

Früher habe ich der Religion mit vollem Eifer gedient, doch dann hat Gott beschlossen, mir seinen Sohn - *Jesus Christus* - zu offenbaren. Gott hat mich in seiner Gnade für seinen Dienst ausgesondert, als ich noch im Leib meiner Mutter war. Er gab mir den Auftrag - *mir ganz persönlich* - die gute Nachricht von Jesus Christus unter den Ungläubigen zu verkünden. Ich habe mir dazu von niemandem Rat eingeholt sondern mich gleich auf den Weg gemacht, um die gute Nachricht überall, wo ich bin, zu verkünden.

Bei einigen falschen Brüdern musste ich mich mit ihnen wegen ihrer Gesetzeslehre auseinandersetzen, die sich bei ihnen wieder eingeschlichen hatte, denn sie kamen mit der Freiheit der Gnade nicht zurecht und wollten auch die Gesetzlichkeit dazu mischen, doch ich habe da keinerlei Kompromisse mit ihnen geschlossen, denn die Wahrheit, die mir mit dem Evangelium gegeben ist, soll unter allen Umständen erhalten bleiben, nämlich, dass Christus das Gesetz für mich ein für alle Mal erfüllt hat.

Ich weiß, dass der Mensch nicht durch das Befolgen von Gesetzesvorschriften für gerecht erklärt wird, sondern nur durch den Glauben an Jesus Christus. Darum habe auch ich mein Vertrauen auf Jesus Christus gesetzt, denn ich möchte vor Gott bestehen können, und das ist, wie gesagt, nur auf der Grundlage des Glaubens möglich, nicht auf der Grundlage der Gesetzeserfüllung.

Das Bestreben, durch die Verbindung in Christus gerecht erklärt zu werden, macht also deutlich, dass auch die Juden genauso Sünder sind wie alle anderen Menschen. Bedeutet das dann, dass Christus im Dienst der Sünde steht? Niemals! Ich bin es, wenn ich das Gesetz wieder anwende. Denn damit bin ich selbst wieder zum Gesetzesübertreter geworden und somit aus der Gnade Gottes gefallen (Galater 2,18). In Wirklichkeit, der Wahrheit entsprechend, habe ich mit dem Gesetz nichts mehr zu tun; ich bin dem Gesetz gegenüber gestorben und von jetzt an lebe ich für Gott; ich bin mit Christus gekreuzigt. Nicht mehr ich lebe, nein, Christus lebt in mir (Galater 2,20). Und solange ich noch dieses irdische Leben führe lebe ich im Glauben an den Sohn Gottes, der mir seine Liebe erwiesen hat und sich selbst für mich persönlich hingegeben hat. Also weise ich die Gnade Gottes nicht zurück, denn das Gesetz kann mir nicht helfen, vor Gott gerecht dazustehen. Wenn es anders wäre hätte Christus nicht sterben müssen.

Weil ich von der Botschaft Jesu Christ gehört habe, habe ich geglaubt und habe den Geist Gottes empfangen, diesen Segen habe ich als Geschenk angenommen und deshalb vertraue ich unerschütterlich der Gnade und nicht meinen Werken, denn kein Gesetz der Welt, kann mich jemals erretten.

Bevor die Zeit des Glaubens begann, wurden wir alle zusammen unter der Aufsicht des Gesetzes in Gewahrsam gehalten; meine Gefangenschaft sollte erst ein Ende haben, wenn Gott mir den Weg des Glaubens eröffnen würde. Das Gesetz war also mein Aufseher, unter dessen strenge Hand Gott mich gestellt hatte bis Christus kam; denn es war Gottes Plan, mich auf der Grundlage des Glaubens für gerecht zu erklären. Und jetzt wo die Zeit des Glaubens da ist, stehe ich nicht mehr unter der Kontrolle jenes Aufsehers. Damit bin ich der Zusage entsprechend, die mir Gott gegeben hat, ein rechtmäßiger Erbe. Jesus Christus hat mich freigekauft vom Gesetz, jetzt kann ich meine Erbschaft antreten. Gott hat den Geist seines Sohnes in mein Herz gesandt, den Geist, der in mir betet und „Abba Vater“ ruft! Jetzt bin ich Sohn und Erbe! Gott selbst hat mich dazu bestimmt.

Ich bin wahrhaftig in diese Sohnschaft eingetreten, und so wie in einer irdischen Familie der Sohn weiß, dass der Vater nur das Beste für den Sohn will, weiß auch ich, dass mein himmlischer Vater für mich nur das Beste vorbereitet hat und auf seine Zusagen kann ich mich 100 % verlassen.

Ich bin aus Gnade freigekauft worden vom Gesetz - *von Werken* - und ich achte darauf, dass ich mich nicht erneut zu Werken - *unters Gesetz* - hinführen lasse, denn meine Verbindung mit Christus bleibt nur unter der Gnade bestehen. Ich achte darauf, dass ich mich von keiner “Lehre“ durchsäuern lasse, indem ich weiterhin der Wahrheit folge.

Ich lasse mich nicht wieder unter das Gesetz - Werke tun - zurückführen, denn damit gehe ich zurück zum Alten Bund, in die Gefangenschaft. Und die Schrift sagt, dass ich nicht mischen soll. Gesetzeswerke bringen keine Resultate. Also bleibe ich unter der Gnade, denn da habe ich immer gute Resultate.

Zur Freiheit hat Christus mich befreit! Daher bleibe ich standhaft und lasse mich nicht wieder unter das Joch der Sklaverei zwingen! Ich mische nicht, denn wenn ich das täte wäre das, was Christus für mich getan hat, zu nichts Nütze.

Hier wird von der Freiheit des Gesetzes gesprochen, die ich jedoch niemals zum Anlass für fleischliche, egoistische Ziele nehmen kann, weil ich die Gnade aus der rechten Erkenntnis lebe.

Wenn ich versuche, mit Hilfe des Gesetzes - *mit eigenen Werken* - vor Gott gerecht dazustehen, habe ich mich aus der Verbindung mit Christus gelöst, und mein Leben steht dann nicht mehr unter der Gnade. Die Gerechtigkeit jedoch, die Gott für mich hat, verdanke ich Jesus Christus, sie ist mir aufgrund des Glaubens geschenkt.

Die Frucht hingegen, die der Geist Gottes hervorbringt, besteht in Liebe, Freude, Frieden, Geduld, Freundlichkeit, Güte, Treue, Rücksichtnahme und Selbstbeherrschung (Galater 5,22).

Ich helfe meinem Nächsten, wo ich nur kann und achte dabei darauf, dass ich besonnen bleibe. Ich beteilige mich mit meinem Unterhalt an dem Dienst, wo ich geistig genährt werde. Ich säe auf guten Boden, ganz besonders bei denen, die wie ich durch den Glauben zur Familie Gottes gehören, so empfange ich auch eine gute Ernte.

Für mich ist immer nur eines wichtig, mich dessen zu rühmen, was Jesus am Kreuz getan hat. Durch ihn ist die Welt für mich gekreuzigt und durch ihn bin ich für die Welt gekreuzigt. Entscheidend ist nur eins: ein neues Geschöpf zu sein. Weil ich mich an diesen Grundsatz halte, schenkt Gott mir Frieden und sein Erbarmen, ich gehöre zu dem himmlischen Jerusalem Gottes.

Das bin ich im Epheserbrief

Ich preise Gott, den Vater meines Herrn Jesus Christus! Gepriesen sei er für die Fülle des geistlichen Segens, an der ich in der himmlischen Welt durch Christus Anteil bekommen habe. Denn in Christus hat er mich schon vor der Erschaffung der Welt erwählt mit dem Ziel, dass ich ein geheiligtes und untadeliges Leben führe, ein Leben in seiner Gegenwart und erfüllt von seiner Liebe. Von allem Anfang an hat er mich dazu bestimmt, durch Jesus Christus sein Sohn zu werden. Das war sein Plan; so hat er es beschlossen. Und das alles soll zum Ruhm seiner wunderbaren Gnade beitragen, die er mir durch seinen geliebten Sohn erwiesen hat.

Aus Gnade hat er mich zur Sohnschaft erwählt, aus unverdienter Gunst, Jesus hat sie an meiner statt verdient.

Durch ihn, der sein Blut für mich vergossen hat, bin ich erlöst; durch ihn sind mir meine Verfehlungen vergeben. Daran wird sichtbar, wie groß Gottes Gnade ist, er hat sie mich in ihrer ganzen Fülle erfahren lassen. In seiner Gnade hat er mir auch alle nötige Weisheit und Einsicht geschenkt. Er hat mich seinen Plan wissen lassen, der bis dahin ein Geheimnis war und den er durch mich verwirklichen will, sobald die Zeit dafür gekommen ist. Unter ihm, Christus, dem Oberhaupt des ganzen Universums, soll alles vereint werden - das, was im Himmel, und das, was auf der Erde ist. Außerdem hat mich Gott - seinem Plan entsprechend - durch Christus zu seinem Erben gemacht. Jesus Christus, der alles nach Gottes Willen und in Übereinstimmung mit seinem Plan ausführt, hat mich von Anfang an dazu bestimmt, dass ich zum Ruhm seiner Macht und Herrlichkeit beitrage: - ich und alle, die wir unsere Hoffnung auf Christus gesetzt haben.

Ich gehöre jetzt zu Christus. Ich habe die Botschaft der Wahrheit gehört, das Evangelium, das mir Rettung bringt. Und weil ich diese Botschaft im Glauben angenommen habe, hat Gott mir, wie er es versprochen hat, durch Christus den Heiligen Geist gegeben. Damit hat er mir sein Siegel aufgedrückt, die Bestätigung dafür, dass auch ich jetzt sein Eigentum bin. Der Heilige Geist ist gewissermaßen eine Anzahlung die Gott mir macht, der erste Teil meines himmlischen Erbes; Gott verbürgt sich damit für meine vollständige Erlösung, weil ich sein Eigentum bin. Und auch das soll zum Ruhm seiner Macht und Herrlichkeit beitragen.

Mein Glaube an den Herrn Jesus Christus ist beständig und ich bin in Liebe mit denen verbunden, die zu Gottes heiligem Volk gehören. Ich bete darum, dass Gott - der Gott meines Herrn Jesus Christus, der Vater, dem alle Macht und Herrlichkeit gehört - mir den Geist der Weisheit und der Offenbarung gibt, damit ich ihn immer besser kennen lerne. Er öffne mir die Augen des Herzens, damit ich erkenne, was für eine Hoffnung Gott mir gegeben hat als er mich berief, was für ein reiches und wunderbares Erbe er für mich bereithält, die ich zu seinem heiligen Volk gehöre, und mit was für einer überwältigend großen Kraft er in mir - *und hier darfst du deinen Namen einsetzen* -, dem Glaubenden, am Werk ist. Es ist dieselbe gewaltige Stärke, mit der er am Werk war, als er Christus von den Toten auferweckte und ihm in der himmlischen Welt den Ehrenplatz an seiner Seite gab. Er lebt jetzt mit seiner ganzen Fülle in mir (Epheser 1,15-23).

Also habe auch ich den Ehrenplatz zur rechten Gottes eingenommen, ich bin nicht nur auf der Erde sondern in erster Linie in der himmlischen Welt heimisch.

Auch mich hat Gott zusammen mit Christus lebendig gemacht. Ja, es ist nichts als Gnade, dass ich gerettet bin! Zusammen mit Jesus Christus hat er mich vom Tod auferweckt, und zusammen mit ihm hat er mir schon jetzt einen Platz in der himmlischen Welt gegeben, weil ich mit Jesus Christus verbunden bin.

Auch hier wird unmissverständlich deutlich gemacht, dass ich vorher für Gott nicht gelebt habe, ich war tot in seinen Augen. Jeder, der den Sohn Gottes, Jesus Christus, nicht als seinen Erlöser annimmt, existiert für Gott gar nicht!

Bis in alle Ewigkeit will er damit zeigen, wie überwältigend groß seine Gnade ist, seine Güte, die er mir durch Jesus Christus erwiesen hat. Noch einmal: Durch Gottes Gnade bin ich gerettet, und zwar aufgrund des Glaubens. Ich verdanke meine Rettung also nicht mir selbst; nein, sie ist Gottes Geschenk. Denn was ich bin ist Gottes Werk, er hat mich durch Jesus Christus dazu geschaffen, das zu tun, was gut und richtig ist. Gott hat alles, was ich tun soll, vorbereitet; an mir ist es nun, das Vorbereitete auszuführen. Weil Christus sein Blut für mich vergossen hat, bin ich jetzt nicht mehr fern von Gott, sondern habe das Vorrecht, in seiner Nähe zu sein.

Ja, Christus selbst ist mein Frieden. Nun bin ich mit allen anderen, die zu Gottes heiligem Volk gehören, Bürger des Himmels, ich gehöre zu Gottes Haus, zu Gottes Familie. Das Fundament des Hauses, in das ich eingefügt bin, sind die Apostel und Propheten, und der Eckstein dieses Gebäudes ist Jesus Christus selbst. Er hält den ganzen Bau zusammen; durch ihn wachse ich und werde ein heiliger, dem Herrn geweihter Tempel. Durch Christus bin auch ich in dieses Bauwerk eingefügt, in dem Gott durch seinen Geist wohnt.

Das Geheimnis, das Gott nun allen Menschen - auch den nichtjüdischen Völkern - das Evangelium verkünden lässt, ist auch mein Auftrag, so sollen die Mächte und Gewalten in der unsichtbaren Welt durch die Gemeinde die ganze Tiefe und Weite von Gottes Weisheit erkennen. Durch Christus habe ich, die ich an ihn glaube, freien Zutritt zu Gott und darf zuversichtlich und vertrauensvoll zu ihm kommen.

Ich kann nicht anders, als anbetend vor dem Vater niederzuknien. Er, dem jede Familie im Himmel und auf der Erde ihr Dasein verdankt und der unerschöpflich reich ist an Macht und Herrlichkeit, gibt mir durch seinen Geist innere Kraft und Stärke.

Christus wohnt aufgrund des Glaubens in meinem Herzen und mein Leben ist in der Liebe verwurzelt und auf das Fundament der Liebe gegründet. Das befähigt mich, zusammen mit allen anderen, die zu Gottes heiligem Volk gehören, die Liebe Christi in allen ihren Dimensionen zu erfassen - in ihrer Breite, Länge, Höhe und Tiefe. Ja, ich bete darum, dass ich seine Liebe verstehe, die doch weit über alles Verstehen hinausreicht, und dass ich auf diese Weise mehr und mehr mit der ganzen Fülle des Lebens erfüllt bin, das bei Gott zu finden ist. Ihm, der mit seiner unerschöpflichen Kraft in mir am Werk ist und unendlich viel mehr zu tun vermag, als ich erbitten oder begreifen kann, ihm gebührt durch Jesus Christus die Ehre in der Gemeinde von Generation zu Generation und für immer und ewig. Amen (Epheser 3,17-21).

Mit Christus stehe ich jetzt hoch über alle Mächte und Gewalten, hoch über allem, was Autorität besitzt; ich herrsche über alles, was Rang und Namen hat - nicht nur in dieser Welt sondern auch in der Zukünftigen. Ja, Gott hat mir alles unter die Füße gelegt, Jesus Christus ist das Haupt der Gemeinde und ich gehöre zu seinem Leib und er lebt in mir mit seiner ganzen Fülle, er, der alles und alle mit seiner Gegenwart erfüllt.

Die Einheit und wie sie zustande kommt und bewahrt wird:

Gott hat mich zum Glauben gerufen, und ich führe ein Leben, das dieser Berufung würdig ist. Allen gegenüber will ich freundlich und geduldig begegnen und nachsichtig und liebevoll miteinander umgehen. Ich setze alles daran, die Einheit des Geistes zu bewahren durch das Band des Friedens. Mit Einheit meine ich dies: ein Leib, ein Geist und genauso auch eine Hoffnung, die mir gegeben wurde, als Gottes Ruf an mich erging; ein Herr, ein Glaube, eine Taufe, ein Gott und Vater von uns allen, der über alle regiert, durch alle wirkt und in allen lebt.

Christus hat mir sowie der Gemeinde Gnaden-Gaben geschenkt. Er hat der Gemeinde Apostel, Propheten, Evangelisten, Hirten und Lehrer gegeben. Sie haben alle die Aufgabe, diejenigen, die zu Gottes heiligem Volk gehören, für ihren Dienst auszurüsten, damit die Gemeinde, der Leib Christ, aufgebaut wird. Das soll dazu führen, dass ich in meinem Glauben und in meiner Erkenntnis von Gottes Sohn zur vollen Einheit gelange und dass ich eine Reife erreiche, deren Maßstab Christus selbst in seiner ganzen Fülle ist.

Hier ist der große Auftrag eines jeden Christen genau beschrieben, alle haben die Aufgabe erhalten, diejenigen, die zu Gottes heiligem Volk gehören, zuzurüsten, das heißt in die Sohnschaft zu führen.

Im Geist der Liebe halte ich an der Wahrheit fest, damit ich im Glauben wachse und mehr und mehr dem ähnlich werde, der das Haupt ist, Christus. Ihm verdankt der Leib sein gesamtes Wachstum. Mit Hilfe all der verschiedenen Gelenke ist er zusammengefügt, durch sie wird er zusammengehalten und gestützt. Jeder einzelne Körperteil leistet seinen Beitrag entsprechend der ihm zugewiesenen Aufgabe. So wächst der Leib heran und wird durch die Liebe aufgebaut.

Ich bin gelehrt worden, mich in meinem Geist und in meinem Denken erneuern zu lassen und den neuen Menschen anzuziehen, der nach Gottes Ebenbild erschaffen ist und dessen Kennzeichen Gerechtigkeit und Heiligkeit sind, die sich auf die Wahrheit gründen.

Ich gehe einer nützlichen Beschäftigung nach, mein Lebensunterhalt ist gesegnet und ich kann sogar denen etwas geben, die in Not sind. Was ich sage ist gut, angemessen und hilfreich, meine Worte sind dem, an den sie gerichtet sind, wohltuend.

Der Heilige Geist ist das Siegel, das Gott mir im Hinblick auf den Tag der Erlösung aufgedrückt hat, um damit zu bestätigen, dass ich sein Eigentum bin. Ich bin zu meinem Nächsten freundlich und gehe mit ihm mitfühlend um und vergebe ihm, sowie auch Gott mir durch Christus vergeben hat.

Gott selbst nehme ich mir zum Vorbild; ich bin sein geliebtes Kind! Alles was ich tue soll von der Liebe bestimmt sein. Denn Christus hat sein Leben für mich hingegeben wie eine Opfergabe, deren Duft vom Altar zu Gott aufsteigt und an der er Freude hat. Ich gehöre zum Licht, weil ich mit dem Herrn verbunden bin und ich verhalte mich so wie Menschen des Lichts sich verhalten. Die Frucht, die von mir hervorgebracht wird, besteht in allem, was gut, gerecht und wahr ist. Ich tue was dem Herrn gefällt. Ich decke die Finsternis auf, alles was aufgedeckt wird, ist dann im Licht. Mehr noch, alles was sichtbar geworden ist, gehört damit zum Licht.

Ich nutze die rechte Zeit aus. Ich erkenne, was der Herr mir zu verstehen geben möchte. Ich lasse mich vom Geist Gottes erfüllen, ich ermutige mich und andere mit Psalmen, Lobgesängen und von Gottes Geist eingegebenen Liedern. Ich singe und juble aus tiefsten Herzen zur Ehre Gottes. Ich danke Gott, dem Vater, immer und für alles im Namen von Jesus Christus, meinem Herrn.

Die Ehe soll nach demselben Vorbild gelebt werden, wie Christus seine Gemeinde zu seinem Leib gemacht hat. Er liebt seine Gemeinde und hat sein Leben für sie hingegeben. Der Mann und die Frau sollen sich gegenseitig respektieren und einander dienen, versorgen und pflegen. Deshalb wird ein Mann

Vater und Mutter verlassen und sich mit seiner Frau verbinden, und die zwei werden ein Leib sein. Ebenso wie Christus die Gemeinde liebt, die Gemeinde ist der Leib Christi.

Respektvoller Umgang innerhalb der Familie ist ein selbstverständliches Verhalten für Söhne Gottes. Genauso ist mein Verhalten am Arbeitsplatz vorbildlich, auch meinem Vorgesetzten bringe ich den nötigen Respekt entgegen. Wenn ich der Arbeitgeber bin, dann behandle ich meine Angestellten ebenso wie es sich gebührt mit Respekt.

Die einzige Waffe, die ich einsetze, ist das Wort Gottes, das Schwert, welches der Heilige Geist durch meinen Mund führt. Ich bete und bitte mit Ausdauer darum, dass ich das Wort Gottes allezeit und überall in Frieden verkünden kann.

Das bin ich im Philipperbrief

Ich danke in meinem Gebet für alle, die, seit sie an Christus glauben, sich für das Evangelium einsetzen. Ich bin überzeugt, dass der, der etwas so Gutes in meinem Leben angefangen hat, dieses Werk auch weiterführt und bis zu jenem großen Tag zum Abschluss bringen wird, an dem Jesus Christus wiederkommt.

Ich danke Gott, dass er meine Liebe, verbunden mit der rechten Erkenntnis und dem nötigen Einfühlungsvermögen, immer größer werden lässt. Dann habe ich in allem ein sicheres Urteil und führe ein reines, untadeliges Leben, bereit für den Tag, an dem Christus wiederkommt. Durch Christus ist mein Tun von dem geprägt, was gut und richtig ist - zum Ruhm und zur Ehre Gottes. Unter allen Umständen, auch in Bedrängnis oder Gefangenschaft, verkünde ich das Evangelium, das macht mich sogar noch mutiger.

Denn der Inhalt meines Lebens ist Christus und deshalb ist Sterben für mich ein Gewinn, jedoch bin ich überzeugt, solange ich noch hier auf der Erde lebe, kann ich eine Arbeit tun, die Früchte trägt. Ich trage dazu bei, dass ihr im Glauben vorankommt und dass euch durch den Glauben eine immer tiefere Freude erfüllt.

Der von oben wiedergeborene Christ, also ich, bin mir dessen vollkommen sicher, dass, falls ich meinen irdischen Körper, noch vor der Entrückung der Gemeinde Christi ablegen darf, wäre das für mich ein absoluter Gewinn, denn ich weiß, was mich dann er-

wartet, ist um so viel besser, dass es mit Worten und im Verstand gar nicht zu fassen ist.

Ich lebe so, dass mein Leben im Einklang mit dem Evangelium von Christus steht! Ich kämpfe für den Glauben, der sich auf das Evangelium gründet und ich werde mich durch nichts von meinen Gegnern einschüchtern lassen. Daran zeigt sich, dass ich gerettet bin, so ist es von Gott selbst gefügt. Mir ist es wichtig, dass wir einander im Namen von Christus ermutigen und uns gegenseitig mit seiner Liebe trösten, durch den Heiligen Geist Gemeinschaft miteinander haben und einander tiefes Mitgefühl und Erbarmen entgegenbringen. Ich begegne allen mit der gleichen Liebe und richte mich ganz auf das gemeinsame Ziel aus, die gleiche Gesinnung zu bewahren. Ich bin auf das Wohl des anderen bedacht, nicht nur auf das eigene Wohl. Das ist die Haltung, die meinen Umgang mit den anderen bestimmt, es ist die Haltung, die Jesus Christus mir vorgelebt hat.

Er, Jesus Christus, der Gott in allem gleich war und auf einer Stufe mit ihm stand, nutzte seine Macht nicht zu seinem eigenen Vorteil aus. Im Gegenteil: Er verzichtete auf alle seine Vorrechte und stellte sich auf dieselbe Stufe wie ein Diener. Er wurde einer von uns - ein Mensch wie andere Menschen. Im Gehorsam gegenüber Gott erniedrigte er sich noch mehr und nahm sogar den Tod auf sich, er starb am Kreuz wie ein Verbrecher. Und weil Jesus diesen Namen trägt, werden sich einmal alle vor ihm auf die Knie werfen, alle, die im Himmel, auf der Erde und unter der Erde sind. Alle werden anerkennen, dass Jesus Christus der Herr ist, und werden damit Gott, dem Vater, die Ehre geben.

Daraus folgt für mich, dass ich mich weiterhin Gott gehorsam und respektvoll unterstelle mit tiefer Ehrfurcht und alles daransetze, dass meine Rettung sich in meinem Leben voll und ganz auswirkt. Gott selbst ist ja in mir am Werk und macht mich nicht nur bereit, sondern auch fähig, das zu tun, was ihm gefällt.

Weil ich als Sohn Gottes mitten in dieser heillosen Welt vorbildlich lebe, leuchte ich unter meinen Mitmenschen wie ein Stern am Nachthimmel. Ich halte an der Botschaft fest, die zum Leben führt. So blicke ich dem Tag, an dem Christus wiederkommt, zuversichtlich entgegen, glücklich darüber, dass das Ziel meiner Arbeit und meine Mühe nicht umsonst waren.

Im Übrigen wiederhole ich mich jetzt, aber es macht mir nichts aus, denn euch gibt das eine umso größere Sicherheit im Glauben. Passt auf, dass euch niemand erneut zurück zu führen versucht unter das Gesetz, denn sie verstümmeln euch durch ihre Beschneidung!

Ich bin wirklich beschnitten, denn ich diene Gott unter der Leitung seines Geistes und vertraue nicht auf meine eigenen Leistungen, sondern auf Jesus Christus; er ist mein ganzer Stolz! Jesus Christus zu kennen ist etwas so unüberbietbar Großes, dass ich seinetwegen mein früheres Leben als nichts erachte, nur um mit ihm verbunden zu sein. Ich vertraue auf die Gerechtigkeit, die mir durch den Glauben des Christus geschenkt ist - die Gerechtigkeit, die von Gott kommt und deren Grundlage der Glaube ist.

Wenn ich mein altes Leben noch nicht hinter mich lassen kann, dann habe ich die Liebe, die Jesus Christus für mich hat, noch nicht ergriffen.

Mein Ziel erreiche ich, indem ich alles Vergangene hinter mir lasse und nur noch auf das Ziel vor mir sehe. Mit aller Kraft laufe ich darauf zu, ein Leben in Gottes Herrlichkeit zu führen, dazu hat Gott mich durch Jesus Christus berufen.

Ich halte fest an dem was ich bereits habe und mit der Einheit, die von Gott kommt, kommt auch die Klarheit für dieses Ziel, die in der Teilhabe an der himmlischen Welt besteht, zu der Gott mich durch Jesus Christus berufen hat.

Ich bin ein Himmelsbürger und vom Himmel her erwarte ich auch meinen Retter - Jesus Christus, den Herrn. Er wandelt meinen vergänglichen Körper um und macht ihn seinem eigenen Körper gleich, der Gottes Herrlichkeit widerspiegelt. Er hat die Macht dazu, genauso wie er auch die Macht hat, das ganze Universum seiner Herrschaft zu unterstellen.

Ich freue mich allezeit, was auch geschieht, darüber, dass ich mit dem Herrn verbunden bin. Ich bin im Umgang mit allen Menschen freundlich und mache mir um nichts Sorgen. Mit meinen Anliegen wende ich mich mit Bitten und Dankbarkeit an Gott. So wird der Friede Gottes, der weit über alles Verstehen hinausreicht, meine Gedanken und mein Innerstes bewahren, mich, die ich mit Jesus Christus verbunden bin. Ich richte meine Gedanken ganz auf Dinge, die wahr und achtenswert, gerecht, rein und unanstößig sind und allgemeine Zustimmung verdienen; ich beschäftige mich mit dem, was vorbildlich ist und zu Recht gelobt wird. Ich halte mich an die Botschaft, die mir verkündet worden ist und die ich angenommen habe, ich lebe so, wie Jesus es gesagt und vorgelebt hat.

Ich habe gelernt, in jeder Lebenslage zufrieden zu sein, ich weiß was es heißt, sich einzuschränken, aber auch Überfluss zu haben. Mit allem bin ich vertraut. Nichts ist mir unmöglich, weil der, der bei mir ist, mich stark macht.

Da ich hilfsbereit bin und gerne gebe, habe ich selbst allezeit in allem genug, denn derselbe Gott, der für mich sorgt, versorgt auch den Empfänger mit allem was er braucht - er, der unerschöpflich reich ist und dem alle Macht und Herrlichkeit gehört, Gott, meinem Vater, gebührt die Ehre für immer und ewig! Amen.

Das bin ich im Kolosserbrief

Mein Glaube an Jesus Christus ist lebendig. Ich begegne allen in Liebe, die zu Gottes heiligem Volk gehören. Angespornt werde ich dabei von der Hoffnung auf das, was Gott im Himmel für mich bereithält. Davon habe ich gehört, als die Botschaft der Wahrheit, das Evangelium zu mir gekommen ist. Genauso wie diese Botschaft überall in der Welt Früchte trägt und sich immer weiter ausbreitet, ebenso tut sie das auch bei mir seit dem Tag, an dem mir Gottes Gnade zum ersten Mal verkündet wurde und ich erkannt habe, was diese Botschaft bedeutet.

Ich höre auch nicht auf zu beten, ich bitte Gott, dass er mir durch seinen Geist alle nötige Weisheit schenkt, um seinen Willen in vollem Umfang zu erkennen. Dann kann ich ein Leben führen, durch das der Herr geehrt wird und das ihm in jeder Hinsicht gefällt. Ich werde im Stande sein stets das zu tun, was gut und richtig ist, sodass mein Leben Früchte tragen wird, und werde Gott immer besser kennen lernen. Er, dem alle Macht und Herrlichkeit gehört, wird mich mit der ganzen Kraft ausrüsten, die ich brauche, um in jeder Situation standhaft und geduldig zu bleiben.

Es ist die Kraft Gottes die mich ausrüstet für das Werk, das er durch mich tun will. Wenn mich die Aufgabe, die ich für Gott zu tun meine, auspowert, dann ist sie mit Sicherheit nicht von Gott.

Ich freue mich und danke ihm, dem Vater, dass er mir das Recht gegeben hat, an dem Erbe teilzuhaben, das er für mich bereithält, die ich zu seinem heiligen Volk gehöre und im Licht lebe. Denn er hat mich aus der Gewalt der Finsternis befreit und hat mich in das Reich versetzt, in dem sein geliebter Sohn regiert. Durch Jesus Christus bin ich erlöst; durch ihn sind mir meine Sünden vergeben worden. Ich bin durch Christus in die Versöhnung, die alles umfasst, was auf der Erde und im Himmel ist, eingeschlossen. Jetzt hat Gott mich mit sich versöhnt durch den Tod, den Christus in seinem irdischen Körper auf sich nahm. Denn Gott möchte mich zu einem Menschen machen, der heilig und ohne jeden Makel vor ihn treten kann und gegen den keine Anklage mehr erhoben werden kann.

Voraussetzung dafür ist, dass ich mein Leben auch weiterhin fest und unerschütterlich auf das Fundament des Glaubens gründe und mich durch nichts von der Hoffnung abbringen lasse, die Gott mir mit dem Evangelium gegeben hat. Ich habe diese Botschaft gehört; es ist die Botschaft, die überall in der Welt verkündet worden ist und in deren Dienst Gott mich, *(hier darfst du deinen Namen einsetzen)* …………, gestellt hat.

Ihn, Christus, verkünde ich; ich zeige jedem Menschen den richtigen Weg und unterrichte jeden Menschen in der Lehre Christi; ich tue es mit der ganzen Weisheit, die Gott mir gegeben hat. Denn ich möchte jeden dahin bringen, dass er durch die Zugehörigkeit durch Christus als geistlich reifer Mensch vor Gott treten kann. Das ist das Ziel meiner Arbeit; dafür mühe ich mich ab, und dafür kämpfe ich im Vertrauen auf Gottes Kraft, die in meinem Leben so mächtig am Werk ist. Mir ist es wichtig, dass wir einander im Namen von Jesus Christus ermutigen und uns mit seiner

Liebe trösten lassen und Gemeinschaft miteinander haben, dann werde ich in meiner Erkenntnis eine tiefe und völlige Gewissheit erlangen, ein immer größeres Verständnis für das Geheimnis Gottes. Christus selbst ist dieses Geheimnis; in ihm sind alle Schätze der Weisheit und der Erkenntnis verborgen.

Nur wer mit seinen Geschwistern die Gemeinschaft pflegt - denn keiner hat allein die volle Offenbarung, aber jede einzelne ist mit Gnadengaben ausgerüstet und wenn diese ausgetauscht werden bei den entsprechenden Zusammenkünften, dann zeigt sich die tiefe der Erkenntnis des Herrn Jesus Christus. Und alle, die daran teilnehmen, werden wachsen und auferbaut.

Ich habe der Botschaft, die mir verkündet wurde, Glauben geschenkt und habe mich Jesus Christus als dem Herrn unterstellt. Nun richte ich mein ganzes Verhalten an ihm aus. Ich bin in ihm verwurzelt und baue mein Leben auf ihn auf. Ich bleibe fest im Glauben und lasse mich nicht von dem abbringen, was ich gelehrt worden bin. Für das, was Gott mir geschenkt hat, kann ich ihm nicht genug danken!

Es ist allein Christus, in dem die ganze Fülle von Gottes Wesen in leiblicher Gestalt wohnt. Und ich habe an dieser Fülle teil, weil ich mit Christus verbunden bin - mit ihm, der das Oberhaupt aller Mächte und Gewalten ist.

Verbunden mit Christus bin auch ich beschnitten worden. Allerdings nicht äußerlich, sondern die Beschneidung, die unter Christus geschieht, ist das Ablegen der von der Sünde beherrschten alten menschlichen Natur. Ich bin zusammen mit Jesus Christus begraben worden, als ich getauft wurde, und weil ich mit ihm verbunden bin, bin ich dann auch mit ihm zusammen auferweckt worden. Denn ich vertraue auf die Macht Gottes, der Christus von den Toten auferweckt hat. Ja, Gott hat mich mit Christus zusammen lebendig gemacht. Ich war nämlich tot. Christus hat meinen Schuldschein ans Kreuz genagelt und für immer beseitigt. Und die gottfeindlichen Mächte und Gewalten hat er entwaffnet und ihre Ohnmacht vor der Unterwelt zur Schau gestellt; durch Christus hat er einen triumphalen Sieg über sie errungen.

Durch die Auferstehung hat Jesus Christus dem Tod seine Berechtigung genommen, seine Endgültigkeit, denn alle die mit Christus auferstanden sind und noch auferstehen werden, leben in alle Ewigkeit weiter, diese Schreckensnachricht hat er dem Teufel klargemacht als er in der Hölle predigte und von dort wieder zum Vater auffuhr in den Himmel.

Da ich nun mit Christus auferweckt worden bin, richte ich mich ganz auf die himmlische Welt aus, in der ich mit Christus auf dem Ehrenplatz an Gottes rechter Seite sitze. Ich richte meine Gedanken auf das was im Himmel ist. Denn ich bin dieser Welt gegenüber gestorben, und mein neues Leben ist ein Leben mit Christus in der Gegenwart Gottes. Jetzt ist dieses Leben den Blicken der Menschen verborgen, doch, wenn Christus, mein Leben, in seiner Herrlichkeit erscheint, wird sichtbar, dass ich an seiner Herrlichkeit teilhabe.

Was den neuen Menschen betrifft spielt die Herkunft keine Rolle, das Einzige was zählt ist Christus; er ist alles in allem.

Ich bin von Gott erwählt, ich gehöre zu seinem heiligen Volk, ich bin von Gott geliebt. Darum kleide ich mich mit Barmherzigkeit, Freundlichkeit, Bescheidenheit, Rücksichtnahme und Geduld. Ich bin nachsichtig und vergebe, wenn einer mir etwas vorzuwerfen hat. Genauso wie der Herr mir vergeben hat, vergebe auch ich. Vor allem aber bekleide ich mich mit der Liebe, sie ist das Band, das alles zusammenhält und vervollständigt. Der Frieden, der von Christus kommt, regiert mein Herz und alles was ich tue. Als Glied am Leib bin ich dazu berufen, mit allen in diesem Frieden zu leben.

Ich bin voller Dankbarkeit gegenüber Gott. Ich lasse die Botschaft von Christus bei mir ihren ganzen Reichtum entfalten. Ich unterrichte die Lehre Christi und zeige den rechten Weg mit der ganzen Weisheit, die Gott mir gegeben hat. Zur Ehre Gottes singe ich aus tiefstem Herzen dankbar Lieder und Lobgesänge. Alles was ich sage und tue soll im Namen von Jesus, dem Herrn, geschehen und dabei danke ich Gott, dem Vater durch Jesus Christus.

Ich diene in jeder Lebenseinheit, ob Ehe, Familie, Arbeitsplatz oder Gemeinde, mit ganzer Hingabe, denn mein Herr ist vor allen immer Jesus Christus. Wenn ich ein Arbeitgeber bin, behandle ich meine Mitarbeiter fair.

Ich trete auch für andere in meinen Gebeten ein. Ich bitte Gott, dass er mir und seinen Berufenen eine Tür öffnet für seine Botschaft. So gebe ich das Geheimnis weiter, das Christus mir enthüllt hat. Ich bete dafür, dass ich meinen Auftrag erfülle und dieses Geheimnis klar und verständlich verkünden kann. Ich verhalte mich gegenüber denen die nicht zur Gemeinde gehören klug. Ich mache Gebrauch von meinem Zeugnis bei entsprechender Gelegenheit.

Meine Worte sind immer freundlich und mit Salz gewürzt, mit dem Salz der Weisheit. Dann verstehe ich es auch, jedem der mit mir redet eine angemessene Antwort zu geben.

Das bin ich im ersten Thessalonicherbrief

Ich danke Gott immer wieder, dass er meinen Glauben mit der Entschiedenheit segnet in der ich ihn in die Tat umsetze. Unermüdlich ist mein Einsatz aus Liebe und die Hoffnung, dass Jesus Christus, mein Herr, wiederkommt, macht mich standhaft. Ja, ich weiß, ich bin von Gott geliebt; ich weiß, dass er mich erwählt hat. Das wird deutlich durch die Wirksamkeit des Heiligen Geistes und die große Zuversicht sowie durch mein Verhalten anderen gegenüber welches zeigt, dass es mir nicht um mich selbst geht. Trotz Anfechtungen, die ich mit Freude ertrage, wie sie mir nur der Heilige Geist schenkt, habe ich das Evangelium angenommen. So bin ich wie Jesus ein Vorbild für die Gläubigen. Überall wo ich Menschen besuche hört man von der Wirkung, die meine Zuwendung zum lebendigen und wahren Gott hinterlässt.

Das Evangelium ist mir von Gott anvertraut, der mich geprüft und für zuverlässig befunden hat, und ich verkünde es in der Verantwortung vor ihm. Es geht mir nicht darum Menschen zu gefallen sondern Gott, der mein Innerstes kennt und prüft. Die Verkündigung des Evangeliums bereitet mir viel Freude.

Ich arbeite für meinen Lebensunterhalt, um niemanden zur Last zu fallen. Im Umgang mit meinen Glaubensgeschwistern lasse ich mich vom Geist Gottes leiten und mein Verhalten ist immer tadellos und korrekt. Ich ermahne, ermutige und erinnere mit allem Nachdruck daran, wie wichtig es ist, ein Leben zu führen, durch das Gott geehrt wird. Er ist es ja, der mich dazu berufen hat, an seinem Reich und an seiner Herrlichkeit teilzuhaben.

Die Botschaft, die ich verkünde, ist tatsächlich - das Wort Gottes und nicht eine Lehre von Menschen. Seit ich glaube erfahre ich die Kraft dieses Wortes in meinem eigenen Leben. Selbst wenn ich deswegen verfolgt werde sind meine Hoffnung und meine Freude, ja mein Siegeskranz, jeder der diese Botschaft annimmt, an sie glaubt und danach lebt.

Ich führe ein geheiligtes Leben, zu dem mich Gott selbst berufen hat, ich halte mich fern von aller Unreinheit, somit befolge ich alle Anweisungen, die ich durch den Heiligen Geist empfange, den mir Gott selbst schenkt. Ich kümmere mich um meine Angelegenheiten und sorge für meinen Lebensunterhalt, somit falle ich niemandem zur Last und bin selbst von denen geachtet, die nicht zur Gemeinde gehören.

Zu der Frage, was mit den verstorbenen Gläubigen geschieht, möchte ich dass ihr wisst, dass die, die im Vertrauen auf Christus Jesus gestorben sind, mit dabei sein werden, wenn Jesus in seiner Herrlichkeit kommt. Ich sage das, damit ihr nicht um sie trauert wie die Menschen, die keine Hoffnung haben. Bei der Entrückung werden zuerst die, die im Glauben an Christus gestorben sind, auferstehen, danach werden die Gläubigen, die zu diesem Zeitpunkt noch am Leben sind, mit ihnen zusammen in den Wolken emporgehoben, dem Herrn entgegen, und dann sind wir alle für immer bei ihm. Diese Gewissheit ist mein Trost (1.Tessalonicher 4,17-18).

Weil ich lebe wie ein Mensch im Licht habe ich mit der Finsternis nichts zu tun und der Tag, an dem der

Herr kommt, überrascht mich nicht. Ich bin allezeit hellwach und nüchtern und gerüstet mit Glauben und mit Liebe. Christus ist für mich gestorben damit ich, wenn er wiederkommt, für immer mit ihm lebe.

Für die in den Gemeinden, die Verantwortung vom Herrn übertragen bekommen haben, bringe ich Achtung und Liebe entgegen.

In jeder Lage freue ich mich und lasse mich durch nichts vom Gebet abbringen! Ich danke Gott in jeder Lage für alles, das ist mir durch Christus ermöglicht worden.

Das Wirken des Heiligen Geistes fache ich immer wieder an und prophetische Aussagen prüfe ich. Gott selbst hilft mir ein geheiligtes Leben zu führen. Der Herr hat mich berufen und er bringt mich ans Ziel.

Das bin ich im zweiten Thessalonicherbrief

Immer wenn ich bete danke ich Gott, ich kann nicht anders, denn mein Glaube wächst und wird immer stärker und die Liebe zu jedem Einzelnen nimmt ständig zu. Ich gehöre zu Gottes heiligem Volk, weil ich aus Glauben das Evangelium von Jesus, meinem Herrn, angenommen habe. Ich bitte meinen Gott, der mich zum Glauben gerufen hat, dass er mir hilft ein Leben zu führen, das dieses Rufes würdig ist. Es steht in seiner Macht, dass er alles Gute, das ich vorhabe, zustande kommen lässt, und alles, was ich auf der Grundlage des Glaubens tue, bringt er zur Vollendung. Das geschieht alles zur Ehre meines Herrn Jesus Christus. Das alles verdanke ich der Gnade Gottes und des Herrn Jesus Christus.

Ich danke dem Herrn immer wieder, denn ich gehöre zu den Erstgeborenen seiner neuen Schöpfung (2.Thessalonicher 2,13). Durch das heiligende Wirken seines Geistes und durch den Glauben an die Wahrheit bin ich gerettet, dazu hat er mich erwählt. Das ist es, wozu er mich durch das Evangelium berufen hat, das ich verkünde, er hat mich dazu berufen, an der Herrlichkeit von Jesus Christus, meinem Herrn, teilzuhaben. Daher bleibe ich standhaft und halte an der Lehre fest, die ich an euch weitergebe und in der ich euch unterrichte, sei es mündlich oder schriftlich. Ich danke Gott, meinem Vater, der mir seine Liebe erwiesen und mir in seiner Gnade eine ewige Ermutigung und eine sichere Hoffnung geschenkt hat, dass er mich in meinem Innersten ermutigt und mir die nötige Kraft für jede gute Tat und jedes gute Werk gibt.

Ich bete auch für meine Mitbrüder, damit sich die Botschaft rasch und überall ausbreitet, genau wie bei mir. Der Herr ist treu, er stärkt und beschützt mich. Er hilft mir, dass mein Denken und Wollen ganz an Gottes Liebe ausgerichtet ist und er macht mich standhaft.

Ich führe ein geordnetes Leben und arbeite für meinen Lebensunterhalt, um keinem zur Last zu fallen. Jeder der essen will soll auch dafür arbeiten. Ich werde nicht müde das zu tun, was gut und richtig ist!

Das bin ich im ersten Timotheusbrief

Ich habe den Auftrag erhalten, falsche Lehren zu verbieten, ich halte mich an diese Anweisung. Das Ziel aller Verkündigung ist Liebe: aus reinem Herzen, gutem Gewissen und Glauben, der frei ist von jeder Heuchelei bzw. falscher Lehre.

Das erste und wichtigste, wozu ich auffordere, ist das Gebet. Es ist meine Aufgabe, mit Bitten, Flehen und Danken für alle Menschen einzutreten, insbesondere für die Regierenden und alle, die eine hohe Stellung einnehmen, damit ich ungestört in Frieden ein Leben führen kann, durch das Gott in jeder Hinsicht geehrt wird und das in allen Belangen glaubwürdig ist. In dieser Weise zu beten ist gut und gefällt Gott, meinem Retter, denn er will, dass alle Menschen gerettet werden und dass sie die Wahrheit erkennen. Es gibt nämlich nur einen Gott, und es gibt auch nur einen Vermittler zwischen Gott und den Menschen - den, der selbst ein Mensch geworden ist, Jesus Christus. Er hat sein Leben als Lösegeld für alle gegeben und hat damit zu der von Gott bestimmten Zeit den Beweis erbracht, dass Gott alle retten will. Diese Botschaft hat er auch mir anvertraut und mich als Verkündiger und Lehrer eingesetzt, um alle Nationen im Glauben und in der Wahrheit zu unterrichten.

Weil ich zur Gemeinde des lebendigen Gottes gehöre bin ich Teil des Fundamentes der Wahrheit. Und wie groß ist diese Wahrheit! Das Geheimnis auf das sich mein Glaube an Jesus Christus gründet. Er, der zu uns kam als Mensch von Fleisch und Blut, als Sohn Gottes beglaubigt wurde - *und ebenso ich* - durch

Gottes Geist und der den Jüngern erschienen ist in seiner Macht und verkündet wurde unter den Völkern, im Glauben angenommen in aller Welt und im Himmel mit Herrlichkeit gekrönt (1.Thimotheus 3,16).

Alles was Gott geschaffen hat ist gut. Weil ich an Jesus Christus glaube und die Wahrheit erkannt habe kann ich alle Speisen mit Dankbarkeit genießen, die ich mit einem Gebet entgegennehme. Die Speisen sind durch Gottes Wort für rein erklärt und werden durch das Gebet geheiligt. Wenn ich meinen Brüdern diese Dinge klarmache, erweise ich mich als ein guter Diener Jesu Christi. Ich zeige damit, dass die Botschaft des Glaubens meine Nahrung ist, diese gute Lehre, der ich so treu folge. Ich übe mich darin und lebe so, dass Gott geehrt wird. Sich in der Ehrfurcht vor Gott zu üben ist in jeder Hinsicht nützlich, weil dem, der Gott ehrt, wahres Leben versprochen ist - sowohl in dieser Welt, als auch in der zukünftigen. Das ist ein wahres Wort, das volle Zustimmung verdient! Es weist auf das Ziel hin, für das ich mich abmühe und für das ich kämpfe; denn ich habe meine Hoffnung auf den lebendigen Gott gesetzt, und er ist der Helfer und Retter aller Menschen - in besonderer Weise derer, die an ihn glauben.

Ich lehre diese Dinge und schärfe sie den Brüdern ein! Ich bin den Gläubigen ein Vorbild in allem was ich sage und tue, ein Vorbild an Liebe, Glauben und Reinheit. Ich widme mich bis zur Wiederkunft meines Herrn mit ganzer Kraft dem Vorlesen der heiligen Schrift, dem Ermahnen, Ermutigen der Gläubigen und dem Lehren. Ich lasse die Gabe nicht ungenutzt, die mir durch Gottes Gnade geschenkt worden ist. Ich konzentriere mich auf diese Aufgabe und lasse mich durch nichts beirren. So sind die Fortschritte, die ich im Glauben mache, allen sichtbar. Ich gebe auf mich selbst acht und auf das, was ich lehre! Ich halte mich treu an alle Anweisungen, so rette ich mich selbst und die, die auf mich hören.

Weil ich Gott gehöre, stehe ich in seinem Dienst. Mein Ziel ist es ein Leben zu führen, das erfüllt ist von Gerechtigkeit, Ehrfurcht vor Gott, Glauben, Liebe, Standhaftigkeit und Freundlichkeit. Ich kämpfe den guten Kampf des Glaubens und gewinne den Siegespreis - das ewige Leben, zu dem Gott mich berufen hat. Zu diesem Glauben habe ich mich vor vielen Zeugen bekannt. In der Gegenwart Gottes, von dem alles Leben kommt, und in der Gegenwart Jesu Christi, der als Zeuge für die Wahrheit vor Pontius Pilatus ein klares Bekenntnis abgelegt hat, erfülle ich meinen Auftrag vorbildlich und untadelig bis mein Herr, Jesus Christus, wiederkommt. Gott lässt das zu der von ihm bestimmten Zeit geschehen, er, der als einziger Unsterblichkeit besitzt.

Ich verlasse mich nicht auf den unbeständigen weltlichen Reichtum, sondern setze meine Hoffnung auch bei meiner Versorgung auf Gott, denn Gott gibt mir alles was ich brauche in reichem Maß und möchte, dass ich Freude daran habe. Ich tue mit Geld Gutes, bin freigiebig und teile meinen Besitz mit anderen.

Das ist eine sichere Kapitalanlage für mein zukünftiges Leben.

Ich achte darauf, allezeit mit Sorgfalt nur das wahre Evangelium der Gnade zu verkünden!

Das bin ich im zweiten Timotheusbrief

Gott hat mir in seiner Gnade einen Geist der Kraft, der Liebe und der Besonnenheit gegeben. Daher bekenne ich mich ohne Scheu zu meinem Herrn, Gott gibt mir die nötige Kraft. Er ist es auch der mich gerettet und dazu berufen hat, zu seinem heiligen Volk zu gehören. Aus Gnade hat er sich dazu entschieden. Schon vor aller Zeit war es sein Plan gewesen, mir durch Jesus Christus seine Gnade zu schenken, und das ist jetzt, wo Jesus Christus in dieser Welt erschienen ist, Wirklichkeit geworden.

Er mein Retter, hat den Tod entmachtet und hat mir das Leben gebracht, das unvergänglich ist. So sagt es das Evangelium, und mich hat Gott als Verkündiger, Apostel und Lehrer eingesetzt, um diese Botschaft bekannt zu machen. Mutig setze ich mein Vertrauen auf Jesus Christus und bin überzeugt, dass er die Macht hat, das mir anvertraute Gut unversehrt, in rechter Weise geteilt, bis zu jenem Tag zu bewahren, an dem Jesus Christus wiederkommt.

Die gesunde Botschaft, die mir verkündet worden ist, dient mir als Maßstab für die eigene Verkündigung und ich halte an dem Glauben und der Liebe fest, die mir durch Jesus Christus geschenkt sind. Dieses kostbare Gut mit aller Sorgfalt zu bewahren, das mir anvertraut worden ist, gelingt mir mit der Hilfe des Heiligen Geistes, der in mir wohnt.

Ich lasse mir durch die Gnade, die mir in Jesus Christus geschenkt ist, alle Kraft geben, die ich für meine Aufgabe brauche. Ich gebe die Botschaft, die ich gehört habe und deren Wahrheit mir von vielen Zeugen bestätigt wurde, an vertrauenswürdige und zuverlässige Menschen weiter, die ebenfalls fähig sind, andere zu lehren. Als ein guter Soldat Jesu Christi bin ich bereit, für das Evangelium zu kämpfen. Kein Soldat, der in den Krieg zieht, lässt sich durch die Dinge des täglichen Lebens von seinen Aufgaben ablenken; schließlich möchte er, dass der, der ihn angeworben hat, mit ihm zufrieden ist. Ein Sportler, der an einem Wettkampf teilnimmt, kann den Siegeskranz bekommen, wenn er den Regeln entsprechend kämpft. Und wer darf als erster vom Ertrag essen? Ist es nicht der Bauer, der die schwere Feldarbeit verrichtet?

Ich sinne über diese Dinge nach und der Herr gibt mir in allem das nötige Verständnis. Ich richte meine Gedanken ganz auf Jesus Christus aus - auf ihn, der von den Toten auferstanden ist, den versprochenen Retter aus der Nachkommenschaft Davids. Von ihm handelt das Evangelium das mir anvertraut worden ist. Auf dieses Wort ist Verlass:

Weil ich mit ihm gestorben bin, lebe ich jetzt mit ihm. Weil ich standhaft bin, herrsche ich jetzt mit ihm. Wenn ich mich aber von ihm abwende, wird auch er sich von mir abwenden. Und doch hebt meine Untreue seine Treue nicht auf, denn er kann sich selbst nicht untreu werden.

Ich erinnere die Gläubigen immer wieder an diese Dinge, das ist meine Verantwortung gegenüber der Gemeinde.

Ich schärfe ihnen vor Gott ein, sich nicht in Diskussionen einzulassen, bei denen nur um Worte gestritten wird, denn das hat keine positive Auswirkung und führt nur zur Verwirrung. Gott hat ein sicheres Fundament gelegt, das durch nichts erschüttert werden kann.

„Der Herr kennt die, die zu ihm gehören“ und: „Wer sich zum Herrn bekennt, trenne sich von allem, was unrecht ist.“

Im Haushalt des Herrn bin ich ein Gefäß, das ehrenvollen Zwecken dient. Ich stehe Gott zur Verfügung und bin bereit, all das Gute, Nützliche zu tun, was er mir aufträgt. Mit denen, die den Herrn aufrichtig und mit reinem Gewissen anbeten, führe ich ein Leben, dass erfüllt ist von Gerechtigkeit, Glauben, Liebe und Frieden.

Ich bin fähig, das Evangelium gelassen und geduldig weiterzugeben, selbst wenn man mir deshalb Unrecht tut. Vielleicht lässt Gott sie die Wahrheit erkennen, damit sie sich aus der Schlinge befreien, in der sie der Teufel gefangen hält, um ihnen seinen Willen aufzuzwingen.

Ich halte an der Lehre fest, in der ich unterrichtet worden bin und von deren Glaubwürdigkeit ich mich überzeugen konnte. Ich bin mit der Heiligen Schrift vertraut, aus der ich alle Wegweisung bekomme, die zur Rettung nötig ist - zur Rettung durch den Glauben an Jesus Christus. Denn alles was in der Schrift steht ist von Gottes Geist eingegeben und dementsprechend groß ist auch der Nutzen der Schrift: Sie unterrichtet in der Wahrheit, deckt Schuld auf, bringt auf den richtigen Weg und erzieht zu einem Leben nach Gottes Willen. So bin ich also, weil ich Gott gehöre und ihm diene, mit Hilfe der Schrift allen Anforderungen gewachsen, bin ausgerüstet alles zu tun, was gut und richtig ist.

Ich verkünde die Botschaft Gottes! Ich trete für sie ein, ob sie erwünscht ist oder nicht. Ich decke Schuld auf, weise zurecht, ermahne und ermutige, und lasse es dabei nicht an der nötigen Geduld und an der gründlichen Unterweisung fehlen. Ich bleibe besonnen, was auch immer geschieht, ich bin bereit zu leiden, erfülle unbeirrt meinen Auftrag als Verkündiger des Evangeliums; übe meinen Dienst mit ganzer Treue aus.

Ich kämpfe den guten Kampf des Glaubens. Ich halte am Glauben fest, um das Ziel des Laufes zu erreichen, den Siegeskranz der Gerechtigkeit, den der Herr mir und jedem gibt, der ihn liebt und auf sein Kommen wartet.

Das bin ich im Titusbrief

Mein Dienst als Sohn Gottes soll dem Glauben derer zugutekommen, die Gott erwählt hat, und dazu beitragen, dass die Wahrheit erkannt wird - die Wahrheit, die mich lehrt, in Ehrfurcht vor Gott zu leben, und durch die ich die Hoffnung auf das ewige Leben habe. Schon vor Beginn der Welt hat Gott das ewige Leben versprochen - er, der nicht lügt. Und jetzt, zu der von ihm bestimmten Zeit, hat er seine Botschaft bekannt gemacht. Mir ist die Verkündigung dieser Botschaft anvertraut; Gott selbst, mein Retter, hat mir den Auftrag dazu gegeben.

Ich weise alle ohne falsche Nachsicht zurecht, die von der gesunden Lehre abweichen.

Alles ist rein für den, der selbst rein ist, ich bin schon reingewaschen durch Jesu Blut!

In Christus ist Gottes Gnade sichtbar geworden. Die Gnade, die allen Menschen Rettung bringt. Sie erzieht mich dazu, verantwortungsbewusst zu handeln und mich nach Gottes Wollen zu richten und so zu leben, dass Gott geehrt wird. Seine Gnade führt dazu, dass ich voller Sehnsucht auf die Erfüllung der Hoffnung warte, die mein höchstes Glück bedeutet. Das Erscheinen meines großen Gottes und Retters, Jesus Christus in seiner ganzen Herrlichkeit. Er ist es ja, der sich selbst für mich hingegeben hat, um mich von einem Leben der Auflehnung gegen Gottes Ordnungen loszukaufen und von aller Schuld zu reinigen und mich auf diese Weise zu seinem Volk zu machen, zu einem Volk, das ihm allein gehört und das sich voll Eifer bemüht, Gutes zu tun. Das sind die Dinge die ich lehre. Ich ermahne und weise zurecht wo es nötig ist. Das tue ich mit allem Nachdruck! Niemand hat das Recht mich geringschätzig zu behandeln.

Weil ich glaube ordne ich mich der Autorität der Machthaber unter, ich bete für die Regierenden meines Landes.

Durch das Bad der Wiedergeburt bin ich zu einem neuen Menschen geworden. Das ist durch die erneuernde Kraft des Heiligen Geistes geschehen, den Gott durch Jesus Christus, meinem Retter, in reichem Maß über mich ausgegossen hat. Durch Gottes Gnade für gerecht erklärt, bin ich jetzt also - entsprechend der Hoffnung, die er mir gegeben hat - Erbe des ewigen Lebens.

Diese Botschaft ist glaubwürdig und für jedermann der sich danach richtet von Nutzen. Wer eine andere Lehre verbreiten will, dem untersage ich das Auftreten in der Gemeinde.

Das bin ich im Philemonbrief

Ich danke meinem Gott, dass ich zu allen, die zu Gottes heiligem Volk gehören, in Liebe und im Glauben an Jesus Christus, den Herrn, verbunden bin.

Ich praktiziere meinen Glauben, indem ich allen tatkräftig helfe, und ich bete darum, dass ich gerade dadurch zu einem tieferen Verständnis für all das Gute geführt werde, das mir durch meine Beziehung zu Christus geschenkt ist. Es macht mir Freude und ermutigt mich, wenn durch mich gläubige Brüder innerlich gestärkt werden.

Das bin ich im Hebräerbrief

Jetzt, im neuen Bund, am Ende der Zeit, spricht Gott durch seinen Sohn - *durch mich* - zu dir.

Der Sohn - *also ich* - ist der von Gott bestimmte Erbe aller Dinge. Durch ihn hat Gott die ganze Welt erschaffen. Ich bin das vollkommene Abbild von Gottes Herrlichkeit, der unverfälschte Ausdruck seines Wesens. Durch die Kraft seines Wortes trage ich das ganze Universum. Nachdem ich das Opfer angenommen habe, das von der Sünde reinigt, habe ich den Ehrenplatz im Himmel eingenommen, den Platz an der rechten Seite Gottes, der höchsten Majestät.

Selbst im Vergleich mit den Engeln ist meine Stellung einzigartig, mir wurde ja auch ein unvergleichlich höherer Titel verliehen als ihnen. Oder hat Gott je zu einem Engel gesagt:

„Du bist mein Sohn; heute habe ich dich gezeugt." (*Dich in meine Sohnesrechte eingesetzt*)

An einer anderen Stelle sagt Gott:

„Ich werde dein Vater sein, und du wirst mein Sohn sein."

Und dort, wo die Rede ist, dass Gott ihn, den Erstgeborenen, in unsere Welt einführt, heißt es:

„Alle Engel Gottes sollen sich vor ihm niederwerfen und ihn anbeten."

Die Engel werden als Diener bezeichnet; es heißt in der Schrift:

„Gott macht seine Engel zu Sturmwinden, seine Diener zu Feuerflammen."

Zum Sohn jedoch sagt er:

„Dein Thron, o Gott, hat für immer Bestand; Gerechtigkeit ist das Kennzeichen deiner Herrschaft. Du liebst das Recht; alles Unrecht ist dir verhasst. Deshalb, o Gott, hat dein Gott das Salböl der Freude in solcher Fülle über dich ausgegossen, wie er es bei keinem deiner Freunde getan hat."

„Himmel und Erde sind das Werk deiner Hände und sie werden vergehen. Ich aber bleibe der ich bin, und meine Zeit wird kein Ende haben."

Und hat Gott je zu einem Engel gesagt:

„Setze dich an meine rechte Seite, bis ich deine Feinde zum Schemel für deine Füße gemacht habe!"?

Nein, die Engel sind alle nur Diener, Wesen der unsichtbaren Welt, die mir zu Hilfe geschickt werden, die ich am kommenden Heil teilhabe, dem Erbe, das Gott mir schenkt.

Das alles macht deutlich, dass ich mich entschieden an die Botschaft halten muss, die ich gehört habe, damit ich nicht am Ziel vorbeitreibe. Ich achte diese einzigartige Heilsbotschaft hoch, denn sie ist mir zuverlässig zum Verkündigen anvertraut und Gott selbst bestätigt sie durch außergewöhnliche Geschehnisse und viele andere Zeichen seiner Macht.

Gott hat mich mit Herrlichkeit und Ehre gekrönt und hat mir alles unter die Füße gelegt. Es gibt nichts, worüber ich nicht der Herr wäre. Gegenwärtig kann ich es noch nicht in vollem Umfang sehen. Jedoch sehe ich, dass ich aufgrund Jesu Leidens und Sterbens jetzt mit Herrlichkeit gekrönt bin, denn ich habe den Tod auf mich genommen, damit durch Gottes Gnade mein Weg zur Rettung jetzt offensteht.

In Gott hat ja alles nicht nur seinen Ursprung sondern auch sein Ziel, und er will viele als seine Söhne an seiner Herrlichkeit teilhaben lassen. Um diesen Plan zu verwirklichen war es notwendig, den Wegbereiter meiner Rettung durch Leiden und Sterben vollkommen zu machen.

Er, der alle heiligt, und ich, die ich von ihm geheiligt bin, haben nämlich alle denselben Vater. Aus diesem Grund schämt sich Jesus auch nicht, sie als seine Geschwister zu bezeichnen, wenn er sagt: „Ich will meinen Brüdern verkünden, wie groß du bist, o Gott, mitten in der Gemeinde will ich dir Loblieder singen. Nichts soll mich davon abbringen auf Gott zu vertrauen.“ Weil Jesus Christus als ein Mensch von Fleisch und Blut den Teufel entmachtet hat, kann ich jetzt, weil ich ihm in jeder Hinsicht gleich bin, meinen Nächsten als ein barmherziger und treuer Priester aus der Sklaverei der Angst befreien.

Ich richte meine ganze Aufmerksamkeit auf Jesus, auch ich gehöre ja zu denen, die geheiligt und zur Teilhabe an der himmlischen Welt berufen sind. Ich sehe auf den wahren Apostel und Hohepriester, zu dem ich mich bekenne, und ich diene ihm treu, der mich eingesetzt hat! Weil ich von meinen eigenen Werken ruhe, ist für mich „Heute“ der Tag, an dem sich diese Zusage erfüllt.

Ich weiß, dass Gottes Wort lebendig und voller Kraft ist. Das schärfste beidseitig geschliffene Schwert ist nicht so scharf wie dieses Wort, das Seele und Geist und Mark und Bein durchdringt und sich als Richter unserer geheimsten Wünsche und Gedanken erweist. Nichts bleibt Gottes Augen verborgen.

Ich trete allezeit voller Zuversicht vor den Thron meines gnädigen Gottes und erhalte zur rechten Zeit die Hilfe die ich brauche von meinem barmherzigen Gott.

Weil ich ein Sohn Gottes bin gehöre ich zu seinen Priestern, von derselben priesterlichen Ordnung wie Melchisedek. Weil ich durch den Gehorsam Jesu Christi ewiges Heil erlangt habe, hat Gott selbst mich zum Priester ernannt. Als reifer Gläubiger nehme ich feste Nahrung zu mir, ich bin geschult im Wort Gottes und imstande, zwischen Gut und Böse zu unterscheiden. Deshalb bleibe ich nicht bei den Anfangslektionen der Botschaft von Jesus Christus stehen sondern wende mich dem zu, was zur Reife im Glauben gehört.

Ich stehe den anderen Gläubigen tatkräftig zur Seite mit unverändertem Eifer, damit sich die Hoffnung, die Gott mir gab, voll und ganz erfüllt. Unbeirrt und voller Vertrauen nehme ich das mir zugesagte Erbe in Empfang. Gott hat sich mit einem Eid für die Zuverlässigkeit seiner Zusage verbürgt. Er will denen, die das versprochene Erbe bekommen, unmissverständlich klarmachen, dass nichts seinen Plan umstoßen kann.

Er hat sich hier gleich in doppelter Weise festgelegt, durch die Zusage und durch den Eid, die beide unumstößlich sind. Das ist für mich eine starke Ermutigung alles daranzusetzen, um das vor mir liegende Ziel meiner Hoffnung zu erreichen. Diese Hoffnung ist meine Zuflucht, sie ist für mein Leben ein sicherer Anker, der mich mit dem Innersten des himmlischen Heiligtums verbindet, dem Raum hinter dem Vorhang. Dorthin ist Jesus als Wegbereiter vorausgegangen.

Wenn der erste Bund keine Mängel aufgewiesen hätte, hätte Gott schließlich keinen Anlass gehabt, einen zweiten Bund zu schließen. Gott hat geschworen, dass Jesus für immer Priester sein soll, und er wird seine Zusage nie zurücknehmen. Dieser Schwur macht unmissverständlich deutlich, dass ich die Garantie eines besseren Bundes habe!

Weil Jesus aber für immer lebt - *und ich in ihm* -, weshalb sein Priestertum unvergänglich ist, ist das auch der Grund dafür, dass er - *ich* - alle für immer retten kann, die durch ihn - *mich* - zu Gott kommen. Er, der ewig lebt, wird nie aufhören, für mich einzutreten. Ich trete bis ins Allerheiligste vor Gott, denn ich bin so rein und heilig wie Jesus ist, durch das einmalige unübertroffene Opfer, nämlich Jesus selbst hat sein Leben für mich hingegeben, damit ich nie mehr ein Opfer bringen muss und auch gar nicht kann, - *denn das Blut Jesu ist nicht zu übertreffen* -.

In diesem Bund legt er mir seine Gesetze in mein Innerstes und schreibt sie mir in mein Herz. Alles Unrecht ist vergeben und an meine Sünden denkt er nicht mehr.

Ich erkläre den ersten Bund für veraltet, er hat ausgedient.

Ich habe jetzt einen freien ungehinderten Zugang zu Gottes Heiligtum, Jesus hat ihn mir durch sein Blut eröffnet. Durch den Vorhang hindurch, das heißt konkret: durch das Opfer seines Leibes hat er einen Weg gebahnt, den bis dahin noch keiner gegangen ist, einen Weg der zum Leben führt. Deshalb will ich mit ungeteilter Hingabe und voller Vertrauen und Zuversicht vor Gott treten.

Ich bin ja in meinem Innersten mit dem Blut Jesu besprengt und dadurch von meinem schuldbeladenen Gewissen befreit, ich bin bildlich gesprochen am ganzen Körper mit reinem Wasser gewaschen. Ferner will ich mich unbeirrbar an der Hoffnung festhalten, zu der ich mich bekenne; den Gott ist treu und hält, was er zugesagt hat.

Weil ich als Gläubiger für meine Mitbrüder verantwortlich bin, will ich sie dazu anspornen, dass wir einander Gutes tun in Liebe, deshalb ist es wichtig, dass ich den Zusammenkünften nicht fernbleibe, sondern dass wir einander ermutigen und das umso mehr als der Tag näher rückt, an dem der Herr wiederkommt.

Meinen Glaubensmut und meine Standhaftigkeit bewahre ich mir, denn wer unbeirrt Gottes Willen tut, erhält was die Schrift sagt: „Der, der sich auf mich verlässt und im Glauben festbleibt, wird leben.“ Ich gehöre zu denen die am Glauben festhalten und dadurch ihr Leben retten.

Was ist Glaube?

Ein Rechnen mit der Erfüllung dessen worauf ich hoffe, ein Überzeugt sein von der Wirklichkeit unsichtbarer Dinge. Ich kann verstehen, dass die Welt durch Gottes Wort entstanden ist. Ich verstehe es durch den Glauben. Durch ihn erkenne ich, dass das Sichtbare seinen Ursprung in dem hat was man nicht sieht (Hebräer 11,1-3).

All die „Glaubenshelden", die in diesem Kapitel beschrieben sind (Kapitel 11, Verse 4-38), haben aufgrund ihres Glaubens Anerkennung bei Gott gefunden, obwohl sie seine endgültige Zusage zu Lebzeiten nicht erhalten haben. Gott hat für meine Zeit etwas vorgesehen was besser ist als alles Frühere, nämlich, dass Christus in mir lebt.

Ich bin von einer großen Schar von Zeugen umgeben deren Leben mir zeigt, dass es durch den Glauben möglich ist, den mir aufgetragenen Kampf zu bestehen. Deshalb laufe ich auch mit aller Ausdauer dem Ziel entgegen. Dabei richte ich meinen Blick auf Jesus, den Wegbereiter des Glaubens, der mir ans Ziel vorausgegangen ist. Weil ich weiß, welche Freude auf mich wartet, kann ich geduldig alles ertragen, ich halte meine Augen auf Jesus hin ausgerichtet und verliere somit nicht den Mut. Gott weiß wirklich was zu meinem Besten dient, er erzieht mich wie ein Vater seinen Sohn, damit ich an seiner Heiligkeit Anteil habe. Solch eine Erziehung trägt bei mir reiche Früchte. Mein Leben ist von Frieden und Gerechtigkeit erfüllt.

Ich bemühe mich um Frieden mit jedermann und richte mich in allem nach Gottes Wollen aus, damit andere durch mein geheiligtes Leben den Herrn sehen; ich achte darauf, dass ich mich selbst auch nicht von Gottes Gnade ausschließe!

Ich bin zum Berg Zion gekommen, zur Stadt des lebendigen Gottes, zu dem himmlischen Jerusalem, ich gehöre zur Festversammlung und zur Gemeinde von Gottes Erstgeborenen, mein Name ist im Himmel aufgeschrieben. Ich bin zu Gott selbst gekommen, und gehöre zu den Gerechten und bin bereits vollendet und mein Geist ist bereits bei Gott. Und ich bin zu dem Vermittler des neuen Bundes gekommen, zu Jesus Christus, und bin mit seinem Blut besprengt worden (Hebräer 12,22-24). Ich danke Gott dafür, dass auf mich ein unzerstörbares Reich wartet, und bis dahin will ich ihm mit Freuden dienen.

Ich trachte danach, mit meinen Brüdern in Liebe verbunden zu bleiben und pflege mit ihnen die Gastfreundschaft. Ich habe mit denen Mitgefühl, die Leiden und Schmerzen ertragen. Meine Ehe halte ich in Ehren. Ich bin allezeit zufrieden mit dem was ich habe, denn Gott selbst hat mir versprochen, dass er mich nie vergisst und nie im Stich lässt. Das gibt mir Mut und ich kann voller Zuversicht sagen, der Herr ist mein Helfer, deshalb fürchte ich mich nicht, was kann ein Mensch mir anhaben?

Ich halte mich an die Botschaft, die von Anfang an von den Glaubensvorbildern verkündet worden ist und halte mir vor Augen wie sie bis ans Ende ihres Lebens Gott vertrauten, denn Jesus Christus ist derselbe - gestern, heute und in alle Ewigkeit. Ich lasse mich nicht durch irgendwelche fremde Lehren vom richtigen Weg abbringen, denn stark werde ich innerlich ausschließlich durch Gottes Gnade und nicht

- wie jene Lehren es behaupten - durch das Befolgen von Gesetzen oder Vorschriften.

Das einzige Opfer das Gott gefällt ist, dass ich ihm danke und seinen Namen bekenne und ihn lobe und preise. Ich vergesse auch nicht Gutes zu tun und anderen zu helfen. Darüber freut sich Gott. Gott gibt mir die Kraft, all das Gute zu tun, das nach seinem Wollen durch mich geschehen soll.

Durch Jesus bewirkt er in meinem Leben das, woran er Freude hat.

Das bin ich im Jakobusbrief

Ich sehe es als einen ganz besonderen Grund zur Freude an, wenn ich Prüfungen verschiedenster Art durchmache, da ich weiß, dass mein Glaube und nicht ich auf die Probe gestellt wird. Wie gesagt mein Glaube, und das hat zur Folge, dass ich geistig reif und makellos sein werde und es mir an nichts mangelt. Worum ich Gott auch bitte, ich tue es in einer Haltung des Glaubens und nicht in der Haltung des Zweiflers. Ich bin und bleibe in dem Erbetenen beständig. Da Gott kein Anseher der Person und des Besitzes ist, habe ich eine hohe Würde vor Gott. Glücklich zu preisen bin ich, denn mein Glaube bleibt standhaft, selbst wenn er auf die Probe gestellt wird. Als Bewährung erhalte ich das ewige Leben.

Von meinem Schöpfer erhalte ich nur gute Gaben, denn bei ihm gibt es keinen Wechsel von Licht zu Finsternis. Die Botschaft der Wahrheit hat in mir neues Leben hervorgebracht, damit ich unter allen seinen Geschöpfen eine ihm geweihte Erstlingsgabe bin. Ich bin nicht nur ein Hörer des Wortes sondern auch ein Täter. Denn wo keine Tat folgt, dort ist der Glaube nutzlos und tot. Weil ich das Gehörte in die Tat umsetze, bin ich glücklich zu preisen und gesegnet in allem was ich tue. Weil Gott kein Anseher der Person ist, mache auch ich keinen Unterschied ob jemand arm oder reich ist, denn vor Gott spielt das keine Rolle. Denn Gott hat gerade die, die in den Augen der Welt arm sind, dazu erwählt, durch den Glauben reich zu werden. Nur wer seine Mitmenschen wie sich selbst liebt, handelt richtig und gut. Wer barmherzig ist, dem wird Barmherzigkeit widerfahren.

Weil ich ein echter Glaubender bin, hat mein Glaube auch sichtbare Taten vorzuweisen. Denn Glaube ohne Taten ist kein Glaube. Taten benötigen auch oftmals Finanzen und ich gebe auch von meinen Finanzen, um den Nöten anderer zu begegnen. Meinem Glauben folgen Taten, denn ich bin vor Gott gerecht erklärt worden, nachdem ich meinen Glauben durch Taten bekräftigt habe.

Über die Macht der Zunge bin ich mir im Klaren, deshalb achte ich darauf, dass aus meinem Munde nur segensreiche Worte hervorkommen, denn dieses kleine Ruder lenkt das ganze Schiff. Ich möchte, dass nur genießbares Wasser aus dieser Quelle fließt.

Die Weisheit die von oben kommt, die vor Gott bestehen kann, ist rein und heilig, friedfertig, freundlich und bereit, sich etwas sagen zu lassen. Sie ist frei von Zweifel und Misstrauen, tut Gutes und ist erbarmungsvoll und frei von jeder Heuchelei. Wo ich bin stifte ich Frieden, denn die Frucht des Geistes ist der Frieden.

Ich suche mit Eifer Gott allein zu gefallen und nicht der Welt, aber eben deshalb schenkt Gott mir auch seine Gnade in ganz besonderem Maß. „Den Hochmütigen stellt Gott sich entgegen, aber wer gering von sich denkt, den lässt er seine Gnade erfahren." Ich suche die Nähe Gottes, damit ist er mir auch nahe.

Ich warte geduldig bis der Herr wiederkommt, Geduld stärkt mein Herz. Ich denke dabei an den Bauern, der darauf wartet, dass auf seinem Land die kostbare Ernte heranreift. Ihretwegen fasst er sich in Geduld, bis der Herbstregen und der Frühjahrsregen auf das

Land gefallen sind. Denn das Kommen des Herrn steht nahe bevor.

Weil ich mich nach dem Wollen Gottes ausstrecke und ausrichte, sind meine Gebete wirkungsvoll und bringen viel zustande. Ich versuche, Menschen die auf Irrwege geraten sind, zu Jesus zurückzuführen um ihre Seelen vor dem Tod zu retten.

Das bin ich im ersten Petrusbrief

Meine Erwählung entspricht dem Plan, den Gott der Vater, schon vor aller Zeit gefasst hat - dem Plan, mich durch das Wirken seines Geistes zu seinem heiligen Volk zu machen, zu einem Menschen, der sich Jesus Christus im Gehorsam unterstellt, und durch sein Blut bin ich von aller Schuld gereinigt.

Ich preise Gott, den Vater meines Herrn Jesus Christus! In seinem großen Erbarmen hat er mir durch die Auferstehung Jesu Christi ein neues Leben geschenkt. Ich bin von neuem geboren und habe jetzt eine sichere Hoffnung, die Aussicht auf ein unvergängliches und makelloses Erbe, das nie seinen Wert verliert. Gott hält es im Himmel für mich bereit und wird mich aus Glauben,durch seine Macht bewahren, bis das Ende der Zeit gekommen ist und der Tag der Rettung anbricht. Jetzt ist bereits das Heil in seinem ganzen Umfang sichtbar.

Ich habe also allen Grund, mich zu freuen und zu jubeln, auch wenn ich jetzt noch für eine kurze Zeit Prüfungen verschiedenster Art durchmache, denn sie geben mir Gelegenheit, dass sich in ihnen mein Glaube bewährt und somit wächst und standfest wird. Ich sehe Christus mit meinen eigenen Augen und liebe ihn und vertraue ihm. Daher erfüllt mich schon jetzt eine überwältigende, jubelnde Freude, eine Freude, die die Herrlichkeit widerspiegelt; denn ich weiß, dass ich das Ziel meines Glaubens erreicht habe - meine endgültige Rettung. Dieser Rettung galt schon das Suchen und Forschen der Propheten, denn in ihren Voraussagen ging es um eben diese

Gnade, die ich inzwischen erfahren habe. Der Geist von Christus, der durch die Propheten sprach, kündigte sowohl das Kreuz an, das auf Christus wartete, als auch die darauffolgenden Herrlichkeiten, und sie versuchten herauszufinden, für welche Personen und auf welche Zeit das deutete.

Diese Herrlichkeiten sind im Neuen Bund die Söhne und Töchter Gottes. Und die Zeit ist Jetzt.

Es wurde ihnen gezeigt, dass diese Voraussagen nicht für ihre eigene Zeit bestimmt waren sondern für mich. Und genau das ist nun eingetroffen! Ich habe das Evangelium gehört; es wurde mir von denen verkündet, die mit dem Heiligen Geist ausgerüstet sind, den Gott vom Himmel gesandt hat. Diese Botschaft ist so einzigartig, dass sogar die Engel den tiefen Wunsch haben, mehr darüber zu erfahren.

Deshalb richte ich mein Leben ganz auf Jesus Christus aus; ich lebe so, dass ich für sein Kommen bereit bin! Ich bleibe wachsam und besonnen und setze meine Hoffnung völlig auf die Gnade, die er mir erweist. Ich lebe ein geheiligtes Leben, so wie es das Wort fordert: "Ihr sollt heilig sein, denn ich bin heilig."

Solange ich hier „in der Freude" lebe, führe ich ein Leben das Gott ehrt. Ich ehre ihn indem ich mein Vertrauen auf das kostbare Blut Jesu setze, denn durch ihn habe ich zum Glauben gefunden und deshalb ruhe ich jetzt in ihm. Mein Innerstes ist gereinigt, meine Seele, indem ich mich im Gehorsam der Wahrheit unterstellt habe, sodass ich jetzt meinen Geschwistern eine Liebe entgegenbringen kann, die frei von jeder Heuchelei ist. Ich höre nicht auf, aufrichtig und von Herzen zu lieben. Ich bin ja von neuem geboren, und dieses neue Leben hat seinen Ursprung nicht in einem vergänglichen Samen sondern in einem unvergänglichen, in dem lebendigen Wort Gottes, das für immer Bestand hat. Genau das bestätigt die Schrift wenn sie sagt: „Alles menschliche Leben gleicht dem Gras und all seiner Herrlichkeit ergeht es wie einer Blume auf dem Feld. Das Gras verdorrt und die Blume verwelkt, aber das Wort des Herrn hat für immer und ewig Bestand." Dieses Wort ist nichts anderes als das Evangelium, das mir verkündet wurde.

Wie ein neugeborenes Kind begierig auf die Muttermilch ist bin ich begierig auf das Wort Gottes. Ich habe von dieser Milch schon getrunken und erlebt, wie gütig der Herr ist. Jesus Christus selbst ist der lebendige Stein, den die Menschen für unbrauchbar erklären, aber Gott selbst hat ihn ausgewählt. Und in seinen Augen bin ich von unschätzbarem Wert, ich lasse mich in das Haus einfügen, das von Gott erbaut wird und von seinem Heiligen Geist erfüllt ist. Ich bin ein lebendiger Baustein und lasse mich zu einer heiligen Priesterschaft aufbauen, damit ich zur Freude Gottes Opfer darbringe, die von seinem Geist gewirkt sind und mich bewahren, weil ich ihm vertraue.

Ich gehöre zu einem von Gott erwähltem Volk, einer königlichen Priesterschaft, einer heiligen Nation, einem Volk, das ihm allein gehört und ich habe den Auftrag, seine großen Taten zu verkünden - die Taten dessen, der mich aus der Finsternis in sein wunderbares Licht gerufen hat.

Liebe Freunde, ich bin nur ein Gast und Fremder in dieser Welt; ich lebe unter Menschen, die Gott nicht kennen. Deshalb führe ich ein vorbildliches Leben, auch wenn man mich deswegen verleumdet oder als

Übeltäter hinstellt, doch, wenn sie all das Gute sehen das ich tue, lassen sie sich vielleicht eines Besseren belehren und werden es dann zur Ehre Gottes anerkennen. Ich ordne mich in dem Land, in dem ich lebe, den Obrigkeiten bzw. ihrer Regierung unter. Als freier Mensch lebe ich so, dass man erkennt, dass ich Gott diene. Ich begegne allen Menschen mit Achtung, liebe meine Glaubensgeschwister, ehre Gott und achte die Regierenden. Ich begegne auch denen mit Respekt, die sich nicht respektvoll mir gegenüber verhalten, das findet Anerkennung vor Gott, denn dazu hat er mich berufen, im Gutes tun standhaft zu bleiben.

Denn Christus hat meine Sünden ans Kreuz getragen, sodass ich jetzt der Sünde gestorben bin, und dafür lebe was vor Gott richtig ist. Ja, durch seine Wunden bin ich geheilt. Jetzt bin ich zurückgekehrt zu meinem Hirten und Beschützer, der über mich wacht (1.Petrus 2,24-25).

Als Ehefrau ordne ich mich dem Ehemann unter, auch wenn der Ehemann nicht bereit ist auf Gottes Wort zu hören, denn vielleicht wird er gerade durch mein Verhalten auch ohne Worte für Christus gewonnen wenn er sieht, dass mein Leben von der Ehrfurcht vor Gott bestimmt ist und seine Heiligkeit widerspiegelt. Mein freundliches und ausgeglichenes Wesen ist etwas Unvergängliches und in Gottes Augen ein unvergleichlicher Wert.

Christus der Gerechte starb für mich, er hat mit seinem Tod ein für alle Mal die Sünden der Menschen gesühnt und hat damit auch mir den Zugang zu Gott eröffnet.

Die Zeit, indem alles zu einem Ende kommt, steht nahe bevor, deshalb achte ich darauf, wachsam und besonnen zu bleiben und mich durch nichts vom Gebet abhalten zu lassen. Vor allem aber achte ich darauf, meinen Geschwistern eine tiefe und herzliche Liebe entgegenzubringen, denn die Liebe deckt viele Sünden zu (Sprüche10:12).

Als guter Verwalter der Gnade diene ich mit meiner Gabe, die ich von Gott bekommen habe, meinem Nächsten, die Gott jedem in so vielfältiger Weise schenkt. Jede Gabe soll mit der Hilfe von Jesus Christus so eingesetzt werden, dass sie Gott ehrt. Ihm gehören der Ruhm und die Macht für immer und ewig. Amen.

Unter allen Umständen lasse ich mich nicht davon abbringen Gutes zu tun. Wenn ich als Hirte für eine Gemeinde eingesetzt bin, sorge ich für meine mir anvertrauten Mitglieder bereitwillig. Ich erfülle diese Aufgabe selbstlos und vorbildlich. Ich erweise jedem den entsprechenden Respekt und bleibe bescheiden, damit ich immer wieder die Gnade Gottes erfahre.

Ich halte unbeirrt am Glauben fest, Gott lässt mich auf jede erdenkliche Weise seine Gnade erfahren. Er versorgt mich mit allem was ich nötig habe, er stärkt meinen Glauben, verleiht mir Kraft und stellt meine Füße auf festen Boden. Diese Macht besitzt er für immer und ewig.

Das bin ich im zweiten Petrusbrief

An alle, die den gleichen kostbaren Glauben empfangen haben wie ich - einen Glauben, der mir aufgrund der Gerechtigkeit meines Gottes und Retters Jesus Christus geschenkt ist. Ich wünsche mir, dass ich Gott und meinen Herrn Jesus immer besser kennenlerne und dadurch in immer größerem Maß Gnade und Frieden erfahre.

In seiner göttlichen Macht hat Jesus mir alles geschenkt, was ich zu einem Leben in der Ehrfurcht vor ihm nötig habe. Er hat mich in seiner wunderbaren Güte zum Glauben berufen. In seiner göttlichen Macht hat Jesus mir alles geschenkt, was zu einem Leben in der Ehrfurcht vor ihm nötig ist. Er hat mich in seiner wunderbaren Güte zum Glauben gerufen. In seiner Güte hat er mir auch die größten und kostbarsten Zusagen gegeben, ich habe jetzt schon Anteil an seiner göttlichen Natur. Durch Christus Jesus habe ich Charakterfestigkeit erhalten und zur Charakterfestigkeit geistliche Erkenntnis, zur geistlichen Erkenntnis Selbstbeherrschung, zur Selbstbeherrschung Standhaftigkeit, zur Standhaftigkeit Ehrfurcht vor Gott, zur Ehrfurcht vor Gott Liebe zu den Glaubensgeschwistern und darüber hinaus Liebe zu allen Menschen. Denn weil das alles bei mir vorhanden ist und ständig zunimmt wird mein Glaube nicht untätig und nicht unfruchtbar bleiben, und ich erkenne Jesus Christus, meinen Herrn und Retter in mir, immer besser! So bestätigt sich meine Berufung und Erwählung durch ein entsprechendes Leben. Das bewahrt mich vor jedem Fehltritt und der Zugang zum ewigen Reich meines Herrn und Retters, Jesus Christus, steht mir weit offen.

Geduldig warte ich auf die Wiederkunft meines Herrn Jesus Christus, denn seine Geduld ist meine Rettung. Ich achte darauf, dass ich mich nicht von Irrlehren täuschen lasse. Lieber lasse ich mein Leben immer mehr von der Gnade bestimmen und lerne meinen Herrn und Retter so immer besser kennen.

Das bin ich im ersten Johannesbrief

Von allen Anfang an war es da, ich habe es gehört und angenommen, das Wort des Lebens - *Jesus Christus*. Ja, das Leben ist erschienen und ich verkündige es euch - das ewige Leben, das beim Vater war und unter den Menschen erschienen ist. Und warum verkündige ich euch das was ich gehört habe? Ich möchte, dass ihr mit uns verbunden seid - mehr noch: dass ihr zusammen mit uns erlebt was es heißt, mit dem Vater und mit seinem Sohn Jesus Christus verbunden zu sein. Ich schreibe euch das, damit alle, ihr und wir, die Freude, die Gott uns schenkt, in ihrer ganzen Fülle erlebt.

Die Botschaft, die ich von Jesus Christus empfangen habe und die ich auch euch weitergebe, lautet: „Gott ist Licht, bei ihm gibt es nicht die geringste Spur von Finsternis." Wenn ich im Licht lebe wie Gott im Licht ist, bin ich mit ihm verbunden und das Blut Jesu, seines Sohnes, hat mich von aller Sünde gereinigt.

Ich lebe in der ständigen Gegenwart Gottes, also kann es da keine Sünde mehr geben!

Ich schreibe euch diese Dinge, damit ihr erkennt, wenn jemand gesündigt hat, hat er einen Anwalt, der beim Vater für ihn eingetreten ist; Jesus Christus, der Gerechte. Er, der nie etwas Unrechtes getan hat, ist durch seinen Tod zum Sühneopfer für meine Sünden geworden, und nicht nur für meine Sünden, sondern für die der ganzen Welt.

Gott sieht meine Sünden nicht mehr, denn er betrachtet mich durch seinen vollkommenen Sohn Jesus, ich bin ja in ihm und er reinigt mich permanent durch sein Blut.

Ich erkenne an der Erneuerung meines Sinnes und Handelns, dass ich mit Gott durch die Liebe im Wort verbunden bin. Das neue und alte Gesetz der Liebe hat Christus in mir zur Erfüllung gebracht.

Die Kinder Gottes, die zu mir gehören, haben den Vater, der von Anfang an da war, erkannt und durch Jesus Christus ist das Wort Gottes in ihnen lebendig und bleibt in ihnen.

Ich weiß, dass am Ende der Zeit viele Christusfeinde auftreten werden, aber mir hat Jesus Christus seinen Geist gegeben, der heilig ist, und durch diese Salbung habe ich auch die nötige Erkenntnis. Weil ich die Wahrheit kenne schreibe ich euch, denn ich weiß ihr kennt sie ebenso, denn die Wahrheit bringt niemals eine Lüge hervor. Ich halte an der Botschaft fest, die ich von Anfang an gehört habe und bleibe damit mit dem Vater und dem Sohn verbunden. Weil der Heilige Geist mich mit dem Christus gesalbt hat, bin ich nicht darauf angewiesen, dass mich jemand belehrt. Der Geist Gottes lehrt mich was wahr ist. Deshalb bleibe ich in Christus, wie Gottes Geist es mich gelehrt hat.

Ich bleibe allezeit in Christus und richte mich in allem nach Gottes Willen, dann kann ich sicher sein, dass ich das Rechte tue und aus Gott geboren bin. Weil ich aus Gott geboren bin sündige ich nicht, denn „in Ihm" ist und bleibt die erneuernde Kraft Gottes in mir. Gott ist mein Vater geworden - wie könnte ich da noch sündigen? Daran zeigt sich, dass ich ein Kind Gottes bin, denn ich tue was in Gottes Augen recht ist, ebenso liebe ich meinen Bruder und meine Schwester. Denn darum geht es ja in der Botschaft, dass ich meinen Nächsten liebe, ich habe den Schritt vom Tod ins Leben getan; ich weiß es, weil ich meine Geschwister liebe, ich bin bereit alles mit meinen Geschwistern zu teilen, denn der wahre Glaube, der in der Liebe wirksam wird, handelt auch immer. Weil ich dementsprechend handle kann mich mein Herz nicht anklagen und ich weiß: Gott in seiner Größe ist barmherziger als mein eigenes Herz. Ich kann mich immer voller Zuversicht an Gott wenden und werde alles bekommen, worum ich bitte, denn ich befolge seine Gebote und tue das was ihm gefällt.

Gottes Gebot ist: Ich soll an Jesus Christus als den Sohn Gottes glauben, und ich soll meinen Nächsten lieben wie Jesus es mir befohlen hat. Wer Gottes Gebote befolgt, lebt in Gott und Gott lebt in ihm. Und dass Gott in mir lebt erkenne ich daran, dass er mir seinen Geist gegeben hat.

Ich prüfe ob der Geist, der aus einem Menschen spricht, aus Gott kommt oder nicht, das erkenne ich daran, ob er Christus als den Menschgewordenen Christus aus Fleisch und Blut bekennt. Wer das nicht bekennt hat den Lügengeist und aus ihm spricht der Antichrist.

Aber ich habe den, der in mir lebt, erkannt und er ist größer als der, der in der Welt lebt. Wer von Gott stammt hört auf mich, daran kann ich erkennen, ob ich es mit dem Geist der Wahrheit zu tun habe. Weil ich meinen Ursprung aus Gott habe liebe ich meinen Nächsten, weil ich liebe, bin ich aus Gott geboren, denn Gott ist Liebe. Und Gottes Liebe zu mir ist daran sichtbar, dass Gott seinen einzigen Sohn in die Welt sandte, um mir durch ihn das Leben zu geben. Das ist das Fundament der Liebe, nicht, dass ich Gott liebe, sondern dass er mich geliebt und seinen Sohn als Sühneopfer für meine Sünden zu mir gesandt hat. Weil Gott mich so sehr liebt bin auch ich verpflichtet, meinen Nächsten zu lieben. Wenn ich meinen Nächsten liebe, lebt er in mir, und seine Liebe hat mich von Grund auf erneuert. Gott ist Liebe und wer sich von der Liebe bestimmen lässt, lebt in Gott und Gott lebt in ihm. Wenn das bei mir der Fall ist hat mich die Liebe von Grund auf erneuert. Der tiefste Grund für Gottes Zuversicht liegt in Gottes Liebe zu mir: Ich liebe, weil er mich zuerst geliebt hat. Wer Gott liebt ist verpflichtet auch die Geschwister zu lieben.

Jeder der glaubt, dass Jesus der von Gott gesandte Retter, der Christus ist, ist aus Gott geboren. Und ein Kind das Gott, seinen Vater liebt, liebt auch seine Geschwister, die anderen Kinder dieses Vaters. Meine Liebe zu Gott zeigt sich im Befolgen seiner Gebote. Und seine Gebote zu befolgen ist nicht schwer. Denn jeder, der aus Gott geboren ist, hat den Sieg über diese Welt errungen. Diesen Sieg ermöglicht mir mein Glaube. Er ist es der über die Welt triumphiert hat. Wer erringt also den Sieg über die Welt? Nur der, der glaubt, dass Jesus der Sohn Gottes ist. Jesus Christus ist als Mensch zu mir gekommen, dass bestätigt die Taufe und sein Opfertod - mit anderen Worten durch Wasser und Blut. Diese Bestätigung kommt von Gott selbst, vom Geist Gottes, und der Geist ist die Wahrheit. Somit sind es drei Zeugen; der Geist, das Wasser und das Blut. Gott selbst bestätigt Jesus Christus als seinen Sohn. Wer an den Sohn Gottes glaubt weiß in seinem Innersten, dass Gottes Aussage wahr ist.

Und was bedeutet diese Aussage für mich? Sie bedeutet, dass Gott mir das ewige Leben gegeben hat; denn dieses Leben bekomme ich durch seinen Sohn.

Diese Dinge sind niedergeschrieben, um mich in der Gewissheit zu bestärken, dass ich das ewige Leben habe; ich glaube ja an Jesus als den Sohn Gottes. Deshalb kann ich mich voller Zuversicht an Gott wenden; denn wenn ich ihn um etwas bitte, was seinem Willen entspricht, erhört er mich. Und weil ich weiß, dass er mein Bitten erhört, kann ich sicher sein, dass er mir das Erbetene gibt - so sicher, als hätte ich es bereits bekommen. Ich weiß, dass der Sohn Gottes gekommen ist und mir die Augen geöffnet hat, damit ich den erkenne, der die Wahrheit ist. Mit Ihm, den wahren Gott, bin ich verbunden, weil ich mit seinem Sohn Jesus Christus verbunden bin. Dieser ist selbst der wahre Gott; er ist das ewige Leben.

Das bin ich im zweiten Johannesbrief

Ich stelle fest, dass ich so lebe, wie es mir der Vater aufgetragen hat: Ich richte mich bei allem was ich tue nach der Wahrheit. Das Anliegen dieses Briefes ist, der Gemeinde mitzuteilen, dass sie einander lieben sollen. Das bedeutet, sich nach Gottes Geboten zu richten, und das Gebot, das alle anderen zusammenfast und das ich von Anfang an gehört habe, ist, dass ich mein ganzes Leben von der Liebe bestimmen lasse.

Weil sich zurzeit in dieser Welt zahlreiche Irrlehren verbreiten, schreibe ich euch zur Warnung und Erinnerung, dass ihr nur Lehren annehmt, die Jesus Christus als den Menschgewordenen Christus predigen. Lehren, die darüber hinaus gehen, sollt ihr nicht annehmen, denn diese Menschen leben nicht in der Verbindung mit Gott. Heißt solche Leute bei euch nicht willkommen.

Das bin ich im dritten Johannesbrief

Ich stehe treu zur Wahrheit, die mir Christus offenbart hat. Die Wahrheit ist der Maßstab, nach dem ich mich bei allem richte, was ich tue. Es gibt für mich keine größere Freude als so zu leben, wie es der Wahrheit entspricht.

Ich bin Menschen gegenüber, die im Dienst Gottes unterwegs sind, gastfreundschaftlich und unterstütze sie, damit sie nicht von denen Hilfe in Anspruch nehmen müssen, die Gott nicht kennen. Ich halte mich an gute Vorbilder, denn wer tut was gut ist, der stammt von Gott.

Das bin ich im Judasbrief

Gott, der Vater, umgibt mich mit seiner Liebe und ich stehe unter dem Schutz von Jesus Christus. Gott hat mich zum Glauben gerufen, ich erfahre seine Barmherzigkeit, seinen Frieden und seine Liebe in immer reicherem Maß.

Ich kämpfe für den Glauben, denn es ist ein unantastbares Gut für die, die zu Gottes heiligem Volk gehören, denn es haben sich Leute in unsere Reihen eingeschlichen, die Gottes Gnade als Freibrief missbrauchen und sich damit von Jesus Christus lossagen.

Dass es zu diesem Verhalten am Ende der Zeit kommen muss wissen wir, und deshalb baue ich mein Leben auf der Grundlage des allerheiligsten Glaubens auf den ich angenommen habe. Ich bete in der Kraft des Heiligen Geistes. Ich bleibe unter dem Schutz der Liebe Gottes und richte meine Hoffnung ganz auf die Barmherzigkeit von Jesus Christus, meines Herrn, der mir das ewige Leben schenkt.

Dem, der die Macht hat, mich vor jedem Fehltritt zu bewahren, sodass ich untadelig und voller Freude und Jubel vor seinen Thron treten kann - ihm, dem alleinigen Gott, der mein Retter ist durch Jesus Christus, meinem Herrn, gehören Ehre, Majestät, Stärke und Macht.

Das bin ich in der Offenbarung

In diesem Buch enthüllt Jesus Christus, was ihm von Gott über die Zukunft gezeigt worden ist. Gott lässt mich durch Johannes wissen, was kommen muss und schon bald geschehen wird.

Jesus Christus, der mich liebt und mich durch sein Blut von meinen Sünden erlöst hat, ihm, der mich zum Mitherrscher in seinem Reich und zum Priester für seinen Gott und Vater gemacht hat, ihm gebührt die Ehre und die Macht für immer und ewig. Amen.

Und er wird wiederkommen! Auf den Wolken wird er kommen und alle werden ihn sehen, auch die, die ihn durchbohrt haben. Sein Anblick wird alle Völker der Erde in Schrecken und Trauer versetzen. Ja, Amen, so wird es sein. Johannes sah eine riesige Menschenmenge aus allen Stämmen und Völkern, Menschen aller Sprachen und Kulturen; es waren so viele, dass niemand sie zählen konnte. In weiße Gewänder gehüllt standen sie vor dem Thron und vor dem Lamm, sie hielten Palmzweige in den Händen und riefen mit lauter Stimme:

„Das Heil kommt von meinem Gott der auf dem Thron sitzt, und von dem Lamm!“

Diesem Lobpreis schließen sich alle an, die rings um den Thron stehen - *auch ich bin dabei*. Sie werfen sich vor dem Thron nieder und beten Gott an.

„Amen, so ist es", rufen sie. "Anbetung, Ehre und Dank ihm, unserem Gott! Herrlichkeit und Weisheit,

Macht und Stärke gehören ihm für immer und ewig. Amen."

Weißt du, wer diese Menschen in den weißen Gewändern sind und woher sie kommen?

Diese Menschen sind durch die größte Bedrängnis gegangen, die es je gegeben hat. Ihre Gewänder sind deshalb so weiß, weil sie sie im Blut des Lammes gewaschen haben. Darum stehen sie jetzt vor Gottes Thron und dienen Gott Tag und Nacht in seinem Tempel. Er, der auf dem Thron sitzt, ist für sie wie ein Zelt, unter dem sie für immer geborgen sind. Weder Hunger noch Durst wird sie jemals mehr quälen. Die Sonne wird nicht mehr auf sie herabbrennen, und sie werden keiner Gluthitze mehr ausgesetzt sein. Denn das Lamm, das ich in der Mitte stehen sehe, dort wo der Thron ist, wird ihr Hirte sein und sie zu den Quellen führen, aus denen das Wasser des Lebens fließt. Und Gott wird alle ihre Tränen abwischen.

Jetzt ist der Sieg errungen! Gott hat seine Macht unter Beweis gestellt, die Herrschaft gehört ihm. Von jetzt an regieren die, die er als Könige - *damit auch mich* - eingesetzt hat.

Der, der mich und meine Brüder und Schwestern anklagte, ist aus dem Himmel hinausgeworfen worden. Tag und Nacht beschuldigte er *mich* und sie vor meinem Gott, aber ich habe über ihn triumphiert, weil das Lamm sein Blut für mich vergossen hat und weil ich mich ohne Rücksicht auf mein Leben zur Botschaft von Jesus bekenne, bereit, dafür sogar in den Tod zu gehen. Darum freue dich, Himmel, ich freue mich mit allen, die im Himmel wohnen.

Glücklich zu nennen bin ich, weil ich zu Gottes heiligem Volk gehöre und an der ersten Auferstehung teilhabe, denn über mich hat der zweite Tod keine Macht, vielmehr diene ich Gott und Christus als Priester und regiere mit ihm während des tausendjährigen Reiches.

Wenn der neue Himmel und die neue Erde hervorkommen, wird es den früheren Himmel und die frühere Erde nicht mehr geben; auch das Meer gibt es dann nicht mehr. Das neue Jerusalem kommt dann vom Himmel herab, die Wohnung Gottes ist dann bei den Menschen und Gott wird in ihrer Mitte wohnen.

Dieses Erbe habe ich als siegreicher Sohn bereits jetzt angetreten.

Schlusswort

Wenn ich das Wort Gottes auf diese Weise lese erkenne ich, dass mir die Sohnschaft übertragen worden ist. Ich sehe mich darin wie in einem Spiegel und ich sehe Christus in mir. Wenn jeder Sohn seine ihm zugeteilte Aufgabe erfüllt, für die uns der Geist Gottes auch mit den notwendigen Gaben ausgerüstet hat, dann kann Christus seine Gemeinde bauen und alle unter seine Herrschaft vereinen. Wir sind nicht aufgefordert worden Gemeinden zu bauen, sondern er hat uns aufgetragen, die Jünger Christi in die Sohnschaft zu führen. Nur wer selbst Sohnschaft lebt kann andere in die Sohnschaft führen. Autorität kann nur dort übertragen werden wo Verantwortung übernommen wird. Jeder muss selbst bei sich anfangen wollen Verantwortung für „sein Leben" (welches es in Christus tatsächlich nicht mehr gibt, denn es ist Christi Leben) zu übernehmen. Niemand kann das an deiner statt tun!

Priester, die selbst keine Söhne haben, können keine Söhne hervorbringen. Denn jeder Baum kann nur aus seinem eigenen Samen reproduzieren. Du kannst nicht glaubhaft vermitteln was du selbst nicht hast. Deshalb such dir eine Glaubensgemeinschaft in der du die Früchte sehen kannst, die in diesem Buch mehrfach erwähnt worden sind. Sieh dich um nach guten Vorbildern und hab Teil an ihren Zusammenkünften und Leben. Nur wer in einer heilen Familie lebt kann selbst heil werden und bleiben.

Bleib täglich in der Gemeinschaft mit deinem Herrn Jesus, nimm das Wort Gottes, deine geistige Speise, zu dir und die Zeit, die du mit ihm verbringst, wird er dir um ein Vielfaches zurückerstatten auf verschiedenartigsten Wegen, die du dir gar nicht vorstellen kannst. Gott belohnt die, die ihn lieben!

Gott kam als Menschensohn zu uns auf die Erde, damit wir Gottessöhne werden können. Er hat uns vorgelebt, wie er sich eine Beziehung zwischen Vater und Sohn wünscht.

Ich bete dafür, dass jeder der dieses Buch liest sich selbst als Sohn Gottes erkennen mag und dass in seinem Herzen eine Sehnsucht nach dieser lebendigen Gemeinschaft mit Jesus Christus brennt.

Alles was Jesus getan hat, hat er für dich ganz persönlich getan. Es liegt an dir, ob du von nun an dieses Geschenk der Sohnschaft übernehmen wirst. Dein himmlischer Vater wartet auf jeden Fall sehnsüchtig auf dich und darauf, dich liebevoll umsorgen zu dürfen.

Es ist vollbracht! Geh zu ihm und lass dich umarmen von seiner unübertrefflichen Liebe.

Alle die sich von Gottes Geist leiten lassen, sind seine Söhne und Töchter. Denn der Geist, den ihr empfangen habt, macht euch nicht zu Sklaven, sodass ihr von neuem in Angst und Furcht leben müsstet; sondern einen Geist der Sohnschaft habt ihr empfangen, in dem wir rufen. Abba, Vater!

(Römer 8,14-15)